www.tredition.de

Bibliografische Information der Deutschen Nationalbibliothek:
Die Deutsche Nationalbibliothek verzeichnet diese Publikation in der
Deutschen Nationalbibliografie; detaillierte bibliografische Daten
sind im Internet über www.dnb.de abrufbar.

Berliner Autoren Band
Blattspinat & Mangold
Berlin, 2016

Herstellung und Verlag:
tredition GmbH, Hamburg

ISBN
Paperback: 978-3-7345-6463-5
Hardcover: 978-3-7345-6464-2
e-Book: 978-3-7345-6465-9

Printed in Germany

Für unsere Freunde

Berlin 2016

BERLINER AUTOREN BAND

BLATT SPINAT &

MAN GOLD

Vorwort

13 ist eine Glückszahl. Zumindest, wenn es um das Buch geht, dessen Vorwort Sie gerade lesen. Denn in diesem einzigartigen Band stellen sich Ihnen gleich 13 Berliner Autoren vor, mit ihrer Prosa und Poesie, die so bunt ist wie die Stadt selbst, in der sie wirken. Sogar ihre Lebensläufe stehen dem weltbekannten Vielfältigkeitsanspruch der „Bunteshauptstadt" in nichts nach. Dabei sind, auszugsweise und in alphabetischer Reihenfolge: drei Ärzte und eine Arzthelferin, eine Bekleidungsdesignerin und ein Bundesnachrichtendienstler, ein Friedensforscher und eine Gewaltforscherin, ein Gabelstaplerfahrer und eine Heilpraktikerin, ein Historiker und eine Immobilienmaklerin, ein Imker und zwei Juristen, ein Lehrer und ein Literaturwissenschaftler, ein Marineoffizier und eine Pharmareferentin, zwei Politikwissenschaftler und zwei Redakteure, ein Regierungsdirektor und ein Rettungshelfer, eine Schauspielerin und zwei Soziologen, ein Studienrat und ein Weltenforscher und - nicht zuletzt - ein Zahnarzt. Und wenn Sie nun glauben, dass das keine 13 ergibt – so irren Sie sich. Das ist das Wunder dieses Buches und der Stadt, in der es entstand.

Freuen Sie sich auf Geschichten und Verse, die Ihnen das Altbekannte im neuen Licht erscheinen lassen, Sie in skurrile Welten entführen oder Ihnen einfach einen Mordsspaß bereiten werden.

Der Herausgeber

Thomas O. A. Beckmann

LOST IN DAHLEM

„Phosgen", sagte der Stationsarzt, „Phosgen und - wahrscheinlich - Senfgas. Anders sind die Verätzungen nicht zu erklären. Augen, Lunge. Schwerwiegend. Das gab es hier seit dem Ersten Weltkrieg nicht mehr, schon gar nicht bei Frauen. Sie muss erst einmal die Nacht überstehen. Die nächsten Stunden sind entscheidend." Und: „Nein, Besucher können wir hier im Moment nicht gebrauchen, damit ist ihr nicht geholfen, uns wären Sie nur im Weg. Wenn die Patientin ..." - der Mediziner stockte - „... selbst wenn sie ..."

Er machte eine quälend lange Pause.

„Para", versuchte ich ihm weiter zu helfen, „meine Frau heißt Para-Katarina".

„Ja, danke, selbst wenn ... also ihre Frau, wenn sie morgen noch leben sollte, sie wird nie wieder ..."

Schrill zerhackte der Pieper seine Sprachlosigkeit, übertünchte die fehlenden Worte.

„Entschuldigen Sie", sagte der Arzt, „Notfall" und steckte das Gerät zurück in seinen Kittel. Er verschwand hastig in der Intensivstation.

„... putzen können", beendete ich seinen Satz in den sterilen Gang hinein. „Nie wieder."

Also zurück ins Auto und zu unserem Haus, das wir seit drei Jahren bewohnten, in dem wir ernstlich sesshaft werden wollten.

Was, wenn sie die Nacht nicht überstehen würde? Was, wenn sie die Nacht - so geschädigt - überstehen würde? Beiden Alternativen fehlte jeder Charme.

„Die Route wird berechnet."

Die Strecke zurück nach Dahlem fuhr ich wie in Trance. Wie immer lief das Navi, obwohl Para kaum anrufen konnte, um zu erfragen in wie vielen Minuten genau ich ankommen würde.

Was für einen Quatsch hatte sich der Stationsarzt da zusammengereimt?

Was war tatsächlich passiert, während Para heute allein im Haus war?

Lange bevor der Wecker hätte klingeln sollen, war ich an diesem Morgen aufgeschreckt, vom lauten Kreischen des Kobolds von „Vorwerk", mit dem Para-Katarina durch die Wohnung tobte. Das grelle Licht hätte nicht sein müssen.
Mindestens zwei Stunden hätte ich noch Zeit für Schlaf gehabt, hatte die Ruhe dringend gebraucht.
Aus dem Augenwinkel nahm ich den leeren Platz des Staubsaugers in der Ecke neben dem Kleiderschrank wahr. Dort, wo von der Decke ein Dreamcatcher baumelte und neuerdings auch so ein klebriges Band, ein Fliegenfänger, wie ich ihn nur aus rustikalen Bauernhäusern kannte.

Der Versuch, meine Frau anzusprechen, scheiterte im Lärm des betagten, aber effektiven Staubsaugers. So wankte ich schlaftrunken ins eiskalte Bad. Das Fenster stand weit offen und ich schaltete das Licht kurz aus, um das Fenster ungesehen zu schließen.
Die Toilette war mit blauem Reiniger eingesprüht, sodass ich auch dafür direkt in die Dusche stieg. Erst als das Wasser schon lief, bemerkte ich dass hier ebenso alles voller Reinigungsmittel war und ich in chemisch-ätzendem, stechend riechendem Schaum stand, der sich am Abfluss nur zögerlich auflöste.

Nach einigen Minuten unter dem warmen Strahl der Dusche war ich milder gestimmt und nun bereit, dem Tag eine zweite Chance zu geben.

„Nehmen Sie im Kreisverkehr die dritte Ausfahrt."

Mein Griff um die Ecke, wo das Handtuch seinen Platz hatte, ging ins Leere.

Tropfnass stieg ich aus der Dusche auf die Stelle mit den kalten Bodenfliesen, wo die Matte hätte liegen sollen. Auch der Bademantel war nicht an seinem Platz, was wohl mit dem Rumpeln der Waschmaschine im Nebenraum zusammenhing.

Aus dem Badezimmerschrank zupfte ich ein großes Handtuch, wobei mir ein kleiner Block Zedernholz auf die Zehen fiel. Ich bückte mich danach und legte leicht schwindelig das Holz zurück zu den Tüchern und dem Leinensäckchen mit Lavendel.

„Nehmen Sie die dritte Ausfahrt."

Ich wickelte mich in das Badetuch und tapste barfuß durch die Diele bis in die Küche, wo die Kaffeemaschine morgendlich-einladend prustete.

Ich griff mir einen Becher aus dem Schrank, füllte Milch und wenig Zucker ein. Als die heiße Flüssigkeit aus der Kanne dazu kam, war mir klar, woher der Geruch nach Apfelessig stammte.

Ich hatte mich dann rasch angezogen, zugegeben, etwas kurz angebunden verabschiedet, und war zum Büro gefahren.

„Bei der nächsten Gelegenheit bitte wenden." Das ist jetzt Quatsch, vielleicht ist da noch eine alte Baustelle im Navi gespeichert.

Mir war jedenfalls keine Kombination aus Toilettenreiniger, Essig und vielleicht Lavendel bekannt, die solche Folgen haben konnte.

„In 100 Metern bitte links abbiegen."

Das Arsenal ihrer Reinigungsmittel ging allerdings erheblich darüber hinaus und ich mied inzwischen die entsprechenden Schränke und Kammern. Nur ein kleiner Teil davon wurde von ihr regelmäßig benötigt, wie: Glasreiniger, Fettlöser, Backofenreiniger, Anti-Pilz-Mittel, Mottenfallen, Küchenspray, Ameisenpulver, Armaturenschaum, Holzpolitur, Kunststoffreiniger, Kalklöser, Desinfektionsmittel, Feuchttücher, Geruchshemmer, verschiedene Imprägniersprays und Holzschutzmittel.

Das alles nutzt aber gar nichts, sagt sie immer, wenn man nicht die Grundregel der häuslichen Sauberkeit beachte, nämlich die Mechanik: Scheuern, Schrubben, Kratzen, Bürsten, Wischen, Putzen, Reiben, Schmirgeln. All das sei für ein perfektes Ergebnis untrennbar mit den richtigen Mitteln verbunden.

„Nehmen Sie die linke Fahrbahn." Kurz schreckte ich auf, als in einer Einfahrt Licht aufblitzte.

Immer neue Tipps, auch zu den Bezugsquellen, holte sich Para von einem Gärtner des botanischen Gartens. Sie hatte ihn um Rat gefragt, denn „es gebe da bei uns im Haus immer wieder kleine Hinterlassenschaften, vielleicht Kotspuren von irgendeinem winzigen Viech, das sie einfach nicht finden, aber auch nicht mit den üblichen Fallen oder Insektengift habe beseitigen können."

Sie sagte nie, wo, sie sagte nicht, wann sie „etwas" fand und ich nahm es hin, als fixe Idee. Eine Marotte, mit der sie immer wieder aufs Neue ausgefallene, nicht immer legale Reinigungstricks und Schädlingsbekämpfungsmethoden in Erfahrung brachte.

„Nach 300 Metern links abbiegen."

Mit dem Wagen bog ich kurz darauf links in die Straße ein und bremste unwillkürlich ab, als unser Haus in Sichtweite kam: Blaulicht spiegelte sich blinkend auf Lack und Scheiben der Autos und in den Fenstern der Häuser. Absperrungen, Polizei, Einsatzwagen der Feuerwehr.

„Sie haben das Ziel erreicht."

„Nein", beschied mir ein dort postierter Polizist, ins Haus dürfe ich nicht, das werde frühestens in einigen Tagen freigegeben.

Und es gebe noch einiges zu klären, ich möge doch bitte direkt zur Befragung mit aufs Revier kommen.

Mir fehlte, noch dazu um diese Zeit, jede Energie und Motivation, den Polizisten irgendetwas zu erklären.

In der Handtasche meiner Frau seien Quittungen aus Luxemburg gefunden worden, über „Mirabelledrepp" und „Schädlingsbekämpfungsmittel".

Ja, sie war in Luxemburg. Ja, ohne mich. Nein, ich hatte keine Erklärung dafür. Und wozu das Ganze, es geht ja schließlich nicht um Schnaps oder Fliegenfänger.

Ging es wirklich nicht: Meine Frau hatte keuchend und orientierungslos, fast nackt und praktisch blind an der Straße gelegen, als Passanten sie fanden. Eine sehr alte Gasmaske lag auf der Treppe zum Haus.

In unserem Bad hatte der durch die Polizei alarmierte ABC-Zug der Feuerwehr eine Kartusche mit Kampfgas gefunden.

So eine, wie sie im Ersten Weltkrieg verwendet wurden.

Nein, dazu konnte ich erst recht nichts sagen. Konnte gar nichts mehr sagen. Wollte auch nicht eingestehen, dass ich überhaupt keine Ahnung hatte, was Para-Katarina in Luxemburg

15

zu erledigen hatte. Es gehe um das Familieninteresse, hatte sie gesagt. „Diplomatie" hatte sie das genannt, ich hatte vertraut.

Mein Hotelaufenthalt sollte nur eine kurze Episode werden, doch in der Zeit bis zur Freigabe der Leiche wurde von diesen „ABC-Schützen" der Feuerwehr die dauerhafte Kontamination des gesamten Hauses festgestellt und es hatte sich für mich noch keine andere Bleibe ergeben.

Durch Anreicherung des Kontaktgiftes mit Wachsen, Harzen oder Kunststoffen entsteht Zäh-Lost[1], das nicht nur in Ritzen und Ecken dringt, sondern fest an Materialien haften bleibt und so praktisch nicht zu entgiften ist.

Das sind die sesshaften Kampfstoffe.

Gerade eine solche Kartusche hatte unser Haus kontaminiert, vergiftet, in Besitz genommen. Hatte das für lebenslange Nutzung gedachte und sorgfältig ausgestattete Heim in eine hochtoxische Sperrzone verwandelt.
Nur die allerwichtigsten Unterlagen wurden auf meinen Wunsch und schriftlichen Antrag hin bei einem zwanzigminütigen Termin durch Einsatzkräfte in Schutzanzügen notdürftig abfotografiert.
Sonst blieb mir nichts aus dem Haus.

---

[1] Die Stoffgruppe der Loste ist vor allem aufgrund ihres Einsatzes als chemische Waffen bekannt. Der häufig als Senfgas bezeichnete Schwefellost ist der bekannteste Vertreter dieser Stoffgruppe.
Die Bezeichnung Lost geht auf die ersten Buchstaben der Nachnamen der beiden deutschen Chemiker zurück, die im Jahr 1916 den Vorschlag zur Verwendung von Schwefellost als chemischen Kampfstoff machten, Wilhelm Lommel und Wilhelm Steinkopf, beide Mitarbeiter von Fritz Haber am Kaiser-Wilhelm-Institut für physikalische und Elektrochemie in Berlin-Dahlem.

Bald schon werde ich eine günstigere Schlafgelegenheit brauchen, das Hotel verlassen, und mich auf etwas ganz anderes einrichten müssen.

Am Abend nach der Beerdigung öffne ich einige Umschläge und finde darunter einen Bußgeldbescheid für zu schnelles Fahren auf dem Rückweg von der Klinik. Und, das überrascht mich jetzt, offenbar war ich nicht angeschnallt gewesen.

Im Bad des Hotelzimmers mache ich mich für die Nacht zurecht. Nur aus Gewohnheit wische und trockne ich das Waschbecken mit zwei Tüchern. So, wie Para das zu Hause immer verlangt hatte.

Zuletzt reinige ich mir nochmals die Fingernägel.

Auf das reinweiße Porzellan fallen von der Spitze der Nagelfeile zwei winzige Schmutzkrümel. Sie verbleiben im Hotelwaschbecken als völlig bedeutungslose Hinterlassenschaften.

Thomas O. A. Beckmann

geboren im „Summer Of Love" ist Gabelstaplerfahrer, Rettungs-helfer, Imker, Industriekaufmann und hat statt Philosophie, Kunst und Geschichte doch nur Jura studiert. Nach seinem Start in der documenta-Stadt Kassel hat er gezielt möglichst unter-schiedliche Erfahrungen gesammelt, als Roadie bei Musicals, in Automobilwerken, in der High-End HiFi-Szene und mit der archi-tektonischen Avantgarde. Er lebt, kocht und schreibt in Berlin. Um die Ecke zu denken ist für ihn an der Tagesordnung, Texte zu sezieren und an ihnen zu feilen Erfüllung. Regelmäßig moderiert Beckmann das „Autorenforum Berlin". Nach einer markanten Serie von Kurzgeschichten, arbeitet er aktuell an seinem ersten Roman.

Theodor Ebert

KAMPFZONE HAUPTMANNSREUTE
(Aus der Kindheit eines Friedensforschers)

Angeregt durch die Erinnerungen von Hermann Lenz an Stuttgarter Ausblicke, an Straßen, Staffeln und Villen und auch im Gedanken daran, dass ich nach dem Tode meiner Mutter nicht mehr so häufig nach Stuttgart kommen und dort spazieren gehen könnte, hatte ich mir für den heutigen Morgen vorgenommen, noch einmal einen guten Teil des Schulweges zur Grundschule am Kräherwald zurückzulegen und einiges zu fotografieren und nebenbei in Stichworten die kleinen Geschichten zu notieren, die mir vor Ort wahrscheinlich wieder einfallen würden.

Der Clou unter diesen Erinnerungen vor Ort war die Wiederentdeckung der Gartentür und der Treppe des Hauses Hauptmannsreute 94 - schräg gegenüber der alten Villa Bosch an der Ecke zum Honoldweg.

Nur auf das Gartentor und auf die steile Treppe achtete ich. Die Treppe führte über zwei Absätze zur Haustür empor. Der erste Absatz kam gleich hinter dem Tor, der zweite lag weiter oben. Nun vor Ort erinnerte ich mich deutlich. Es hatte des Augenscheins bedurft. Der springende Punkt an der Hauptmannsreute 94 waren aber nicht die Absätze der Treppe, quadratische Zwischenplateaus, die in der Geschichte als Tatorte auch noch ihre Bedeutung hatten; es war in erster Linie das Gartentor. Dieses Tor hatte es uns ermöglicht, einen Bandenkrieg auszutragen nach dem Vorbild nordamerikanischer Indianer und Fallensteller.

So etwas wie Jugendgangs, wie man sie aus amerikanischen Filmen oder - positiv ins Deutsche gewendet - aus "Emil und die Detektive" kennt, gab es in meiner Kindheit nicht, wohl aber bildeten die ungefähr Gleichaltrigen einer Straße mehr oder weniger fest gefügte Gruppen, die sich zu gemeinsamen Spielen und vielleicht auch zu etwas weniger harmlosen Unter-nehmungen, dem sogenannten Unfug (wir selbst nannten es Streiche) locker verabredeten. Eine solche Gruppe, die sich selbst eine Bande nannte, gab es nicht nur in der Hauptmannsreute, sondern auch im Honoldweg, der gerade dort im rechten Winkel auf die Hauptmannsreute trifft, wo der Lilienthalweg dann steil zum Kräherwald ansteigt.

Die Honold-Bande hänselte und drangsalierte uns aus der Hauptmannsreute ohne Grund, gerade mal so, um ihre Überlegenheit zu beweisen. Wir fühlten uns ohnmächtig und hilflos. Der Anführer der Honold-Gruppe war einen Kopf größer und wahrscheinlich auch ein Jahr älter als wir. Mit vereinten Kräften hätten wir ihn wahrscheinlich bezwungen, denn er schien uns eher hochgeschossen denn kräftig zu sein. Was ihn jedoch unangreifbar machte, war der Umstand, dass er ständig von einem Schäferhund begleitet wurde und dass dieser dem Langen aufs Wort parierte.

Der Honold-Bande war mit dem Bizeps alleine nicht beizukommen, und so waren wir gezwungen, das Ende des Honoldweges und die Villa Bosch mit ihrem großen privaten Park zu meiden, obwohl wir die Angewohnheit hatten, über Zäune zu klettern und uns in den Gärten großer Grundstücke umzusehen. Das gehörte zu unseren Indianerspielen, für die es halt der „Jagdgründe" bedurfte.

Tauchte jedoch der lange Lulatsch mit seinem Schäferhund auf, nahmen wir Reißaus. Die Honold-Bande merkte dies und machte sich hinfort einen Spaß daraus, uns zu jagen. Das war vorhersehbar, und wir Jungen aus der Hauptmannreute suchten nach einer Möglichkeit, doch einmal Stand zu halten und uns zur Wehr zu setzen. Und jetzt im Blick auf das Tor erinnerte ich mich wieder an die List, die uns Indianern zum Erfolg verholfen hatte.

Das Haus Hauptmannsreute 94 war noch etwas steiler als die anderen Häuser an den Hang gebaut und hatte zur Straße hin eine etwa drei Meter hohe Mauer aus Sandsteinquadern. In diese war ein aus Vierkantstäben geschmiedetes Tor eingefügt.

Oben über das Tor zog sich noch einmal ein Band aus Sandsteinblöcken. Dahinter waren wir vor den Verfolgern sicher. Doch uns hinter das Tor zu flüchten und auf den Abzug der Feinde zu warten, war auf die Dauer keine Lösung.

Wir richteten es nun so ein, dass bei der nächsten Verfolgungsjagd nur ich und mein Freund Peter in den Eingang des Hauses Nr. 94 flohen, während die anderen aus der Hauptmannsreute - und das waren nur noch drei oder vier, darunter mein Bruder Manfred - vor dem Tore blieben.

Der lange Lulatsch rannte mir nach, hinter ihm Peter. Ich keuchte, war ich doch ziemlich dick. Doch in dem Moment, in dem der Lange das Tor passiert hatte, klappte Peter dieses von innen zu, sodass der Schäferhund, der von den anderen aus unserer Gruppe kurz abgelenkt worden war, bevor sie weiter flüchteten, ausgeschlossen blieb und nun bellend gegen das Gitter sprang.

Das war eine völlig neue Situation. Peter bewachte das Tor und sorgte dafür, dass es von außen nicht mehr geöffnet werden konnte. Ich drehte mich oben auf der Treppe um und erwartete eine Stufe oberhalb des zweiten Absatzes den Langen.

Dem nun folgenden Zweikampf ging sicher ein kurzer Wortwechsel voraus. Das gehörte sich so. Doch die Worte waren belanglos, da ich entschlossen war, ohne Verzug meine Position zu nutzen und die Sache auszukämpfen. Ich stand auf der Treppe in Augenhöhe mit dem Langen, schlang den rechten Arm um seinen Hals und drückte nach unten. Mein ganzes Körpergewicht warf ich auf ihn und ich war ein ziemlicher Brocken.

"In den Schwitzkasten!", schrie Peter, und das war es, was ich vorhatte. Du nimmst den Hals des anderen in die Ellenbogenbeuge und drückst zu, was die Kräfte hergeben. Und ich drückte und legte mein ganzes Fett obenauf.

Die Wirkung blieb nicht aus. Peter mahnte: "Pass auf, der hat's mit der Lunge!" Und tatsächlich, der lange Blasse unter mir sah nicht gut aus. Ich ließ ihn Luft schnappen. "Mein Herz, ich krieg keine Luft!" Das konnte ein Trick sein. Doch mir wurde mulmig.

Ich behielt ihn noch im Schwitzkasten, drückte aber nicht mehr zu. "Ich lasse Dich raus, wenn Ihr uns in Ruhe lasst." Das versprach er, und dies war unter uns Kindern, die wir nun mal danach trachteten, Winnetou oder Tecumseh nachzuahmen, ein durchaus verlässliches Versprechen, gewissermaßen ein Indianerehrenwort.

Wie wir den gefürchteten Schäferhund durch ein Manöver ausgeschaltet hatten, hat sich unter den Nachbarkindern herumgesprochen. Die träumten auch von Überfällen und Hinterhalten und auch sie suchten die technische Überlegenheit der Bleichgesichter durch Finten auszugleichen. Da wäre es auf allgemeine Missbilligung gestoßen, wenn die Honold-Indianer sich an die Zusage, die ihr Häuptling im Zweikampf gegeben hatte, nun nicht gehalten hätten. Dieser musste daran interessiert sein, als ehrenhafte Rothaut zu gelten und nicht als fieses Bleichgesicht, das Bestien ins Feld führt.

Wir aus der Hauptmannsreute hielten dies für eine mächtig-gewaltige Lösung des Konflikts. Erst hinterher wurde einigen klar, wie riskant die Falle gewesen war. Was hätte nicht alles passieren können! Doch vielleicht - sag ich mir heute - war der Hund gar nicht so beißwütig, und wir hatten das nur geglaubt, weil die Honold-Gruppe uns damit gedroht hatte. Jedenfalls hielten alle Beteiligten es für das Klügste, sich in Zukunft aus dem Wege zu gehen. Kein Happy End, kein gemeinsames Spiel und schon gar keine Friedenspfeife.

Die Szene mit dem Schwitzkasten stand mir nun, nach 52 Jahren, wieder deutlich vor Augen. Ein kleiner Gandhi warst du damals nicht! Kein Zweifel. Ich hörte wieder Peters Ruf: Pass auf, der hat's mit der Lunge!

Von dem Tatort machte ich noch ein Foto. Ob es andere gibt, die sich noch erinnern? Was aus dem langen Blassen mit dem Schäferhund wohl geworden ist? Ich tippe mal: Jurist. Pacta sunt servanda! Verträge muss man halten!

Theodor Ebert

wurde am 6. Mai 1937 in Stuttgart geboren. Er studierte Litera-
turwissenschaften und Geschichte an den Universitäten Tübin-
gen, München, London und Paris und promovierte 1965 an der
Universität Erlangen (bei Waldemar Besson) zum Dr. phil. mit
„Gewaltfreier   Aufstand   –   Alternative   vom   Bürgerkrieg".
Von 1969 bis 2012 war er Redakteur von „Gewaltfreie Aktion –
Vierteljahreshefte für Frieden und Gerechtigkeit" und von 1970
bis 2002 Hochschullehrer am Otto-Suhr-Institut der FU Berlin
und übernahm kirchenleitende Ehrenämter in der Evangelischen
Kirche. Der hier vorliegende Text stammt aus einer noch un-
veröffentlichten Sammlung von Erinnerungen an Kindheit und
Jugend.

Daniel Jung

SCHACH

„Die mentale Leistung beim Schachspiel ist enorm und erfordert maximale Konzentration. Voraussetzung dafür ist absolute Ruhe. Manchmal meint man, dass bereits das persönlich wahrnehmbare Pulsieren des Blutkreislaufes dein Gegenüber stören könnte". So oder so ähnlich beschrieb einst mein Vater das königliche Spiel.

Mein Vater war ein strenger Lehrmeister.

In die erst wenige Sekunden andauernde Stille hinein, die Gesamtspielzeit betrug kaum zwei Minuten, fragt er mich: „Weißt Du eigentlich noch, was ‚Schachmatt' heißt?"

Ungläubig schaue ich auf und antworte nach kurzem Zögern: „Natürlich, du hast mich doch trainiert. Genauso gut könntest du mir die Frage stellen, wo die Sonne aufgeht, im Osten oder im Westen!"

Vater schmunzelt: „Und?"

Fragend schaut er mich an und ich weiß sofort, sag jetzt nicht „im Osten", das wäre zu einfach. Also schweige ich.

„Wie so oft", sagt der Vater, „ist die Antwort eine Frage des Standpunktes ..."

Seine weit ausholenden Erklärungen waren verständlich, oft aber ermüdend.

„Manchmal muss man komplexer denken, auch um die Ecke und voraus, wie beim Schach."

Genüsslich zieht er seine Dame von d8 nach h4 und ich begreife, dass ich in die „Narrenmatt-Falle" getappt bin.

„Jetzt weißt du, was ‚Schachmatt' heißt! Wie oft habe ich Dir gesagt, dass die Eröffnung mit äußeren Bauern problematisch ist und für Anfänger als Kardinalfehler gilt. Der König ist tot."

Wir geben uns die Hand, lehnen uns zurück und „genießen" schweigend einen Moment der Stille auf der Galerie des Hauses.

Der Schachtisch steht immer noch dort.

***

„Ich stell schon mal auf!"

Charly steht auf der vorletzten Stufe der Treppe zum Obergeschoss. Offensichtlich hat meine Enkelin sich entschieden, doch nicht den „Pass-bloß-auf-Weg" in das Erdgeschoss zu gehen, sondern ihre Botschaft nach unten zu rufen. Das ist meistens auch erfolgreich, und einfacher, denn die Treppe ist keineswegs kindgerecht gestaltet und deshalb für ein zierliches kleines Mädchen nicht so leicht zu begehen.

Um die Offenheit in der Gestaltung des Hauses beizubehalten, hatte der Architekt neben den großen Glasflächen im Eingangsbereich und den bis zum Fußboden reichenden Fenstern eine Stahlwangentreppe einbauen lassen. Deren Birkenholzstufen sind unpraktisch - zu hell und zu glatt.

Als Charly laufen lernte, war der Handlauf für ihren kleinen Körper unerreichbar hoch.
In jener Zeit war das Treppensteigen leichter und sicherer an Opas Hand, zumal dabei auch nicht die Gefahr bestand, zwischen den·offenen Stufen durchzurutschen. Einer der ersten vollständig von Charly nachgeplapperten Sätze war: „Treppe is' Tabu!" Und das sagte sie stets mit erhobenem Zeigefinger.

Auch wenn sie heute, mit vier Jahren, die Treppe allein rauf und runter gehen kann, der Respekt ist geblieben.

„Mach das, ich komme sofort hoch!", rufe ich Charly zu.

„Wo liegt das Buch?", ist von oben zu hören.

Auf meine Nachfrage, wozu sie „das Buch" denn braucht, kommt die Antwort: „Na, ich muss doch vergleichen."

Charly holt sich das Schachbuch, das ich nach unserer letzten Partie auf dem Schreibtisch habe liegen lassen, schlägt „Abbildung 1" auf und beginnt, das aufgezeichnete Grundstellungs-Schema mit der Aufstellung auf dem Tisch zu vergleichen.
Als sie mir ihr „Fertig!" entgegenruft, befinde ich mich bereits auf dem Weg zu ihr. Sie hat den Korbstuhl für mich so hingeschoben, dass ich mich bequem hineinfallen lassen kann. Sie selbst hockt mir gegenüber auf der Doppelcouch mit angewinkelten Beinen. Sitzend ist sie für die Tischhöhe noch zu klein.

Charly bemerkt meinen prüfenden Blick und erwartet eine Reaktion auf ihre Aufstellung. Als diese nicht schnell genug kommt, schießt es aus ihr heraus: „Alles kontrolliert! Wie im Buch! Du fängst an. Weiß beginnt - Schwarz gewinnt!"
Nach einer kurzen Sprechpause mildert sie ihre spontane Gewinnprognose ab mit: „Na, mal sehen!"

Ihr Wimpernaufschlag und ihr Blick, als schaute sie über den Brillenrand, sagen mir, dass es für sie wirklich mal an der Zeit wäre zu gewinnen. Dabei haben wir uns in den vergangenen Wochen nur sporadisch zum Schachspielen getroffen - oder sollte ich besser sagen zum „Spielen mit Schachfiguren"?

Charly streicht mit der linken Hand über den Zargenrand des Tisches, als wolle sie magische Kräfte in ihm wecken und um Unterstützung bitten. Sie findet ihn superschön.

Jedes Mal, wenn sie das Spiel aufstellt, geleitet sie die Figuren fast zärtlich über die glatte Oberfläche an ihren Platz auf dem eingelegten Schachfeld. Die kleinen Felder, abwechselnde Intarsien aus fein gemaserten dunkel- und hellbraunen Furnierhölzern, sind von einem schmalen, stilisierten Kranz aus weiteren Hölzern unterschiedlicher Schattierung umgeben und halten so scheinbar das Schachfeld zusammen. Die Zarge und die wie ein Fragezeichen geschwungenen Tischbeine sind dunkelbraun. Die vier bedrohlich wirkenden Füße sind als gekrümmte Krallen ausgearbeitet, die sich für den Sprung auf den Gegner vorbereiten oder zumindest die geschlagene Beute fest im Griff halten wollen.

Charly ist stolz auf das Erbstück und darauf, was sie in kurzer Zeit schon alles über das königliche Spiel gelernt hat. Bereits die Aufstellung der beiden Armeen wird mit „Weiße Dame – weißes Feld, schwarze Dame – schwarzes Feld, Bauern an die Front, im Schutz der Türme die Springer, die Läufer um das Königspaar" kommentiert und entsprechend ausgeführt. Derartige Phrasen habe ich vermutlich irgendwann geäußert und sie hat sich diese Erklärungen sofort gemerkt. Meine Enkelin hat ein famoses Gedächtnis.

Charly breitet ihre Arme aus, legt sie auf der Tischplatte hinter ihrem Heer ab und schaut spitzbübisch über die Figuren zu mir.

„Na los, Opa! Der Kampf beginnt! Wie setzt sich die Dame doch noch mal?"

„Die Dame setzt sich bestenfalls zu Tisch ..."

„An den Tisch, heißt das!", unterbricht sie mich.

„Ja, von mir aus auch - an den Tisch. Hier heißt die Bewegung der Dame aber ‚Zug', deshalb wird sie ‚gezogen' oder ‚gesetzt'. Jetzt frag nicht, wer die Dame zieht, du setzt deine und ich meine Dame. Sie ist die beweglichste Figur und kann hoch und runter gesetzt werden, ebenso hin und her, wie ein Turm. Und zusätzlich auch schräg über die freien Felder, wie ein Läufer."

Ich zeige ihr die Bewegungen, merke aber, wie es in ihrem Kopf rattert ... Bevor ich mich in weiteren Erklärungen verlieren kann, presst sie zwischen den Lippen hervor: „Na gut, fang an! Du sagst mir, welche Figur ich ziehen soll."

Ich muss schmunzeln. Es wird noch einige Partien brauchen und eine Menge Geduld von beiden Seiten erfordern, bis sie die Grundregeln dieses Spieles beherrscht - von den Feinheiten ganz zu schweigen.
Über Rochade, Schlagen en passant, Umwandlungen von Bauern, Schäfermatt und andere Eigenheiten des Schachspiels wird erst viel später zu reden sein.

Ich eröffne klassisch: Bauer e2 – e4. Die sizilianische Verteidigung würde jetzt von Schwarz c7 – c5 erfordern. Ich verkneife mir eine Erklärung und Charly begegnet mir mit e7 – e5.

In den folgenden Minuten wird zwischen uns beiden viel gesprochen, gefragt und geantwortet beziehungsweise erklärt.
Die aktivierten Bauern im Mittelfeld eröffnen bald Dame und Läufern die notwendige Bewegungsfreiheit.

„An dieser Stelle könntest Du auch Deinen ‚Gaul' zum Einsatz bringen!", fordere ich etwas burschikos. Ihr Protest folgt umgehend und treffsicher.

„Du hast selbst gesagt, das heißt nicht ‚Gaul' oder ‚Pferd', das ist der Springer."

Ist das nicht toll, denke ich lächelnd. Sie hat sich das richtig gemerkt und mir bleibt nichts anderes übrig, als eine passende Formulierung meiner Sammlung von Aussprüchen für das 11. Gebot anzuwenden. Hier passt am besten „Du sollst einen Fehler zugeben!".

„Du sollst einer Frau nicht widersprechen" wäre auch möglich, aber das würde mich möglicherweise in Erklärungsnot bringen.

„Du hast recht! Es heißt ‚Springer', aber du kannst ihn trotzdem setzen."

Inzwischen haben sich die Reihen der Kämpfer auf beiden Seiten gelichtet und Charly nimmt es mit der Zuordnung der Figuren auf die einzelnen Felder nicht mehr so genau. Immer wieder zeige ich ihr, welche Figur wie gezogen werden kann, wie wer zu schlagen ist und wiederhole, dass alles Bemühen allein dem Matt des Königs dient.

Die Dame hat sie noch und versucht, ihre Variabilität diagonal, vertikal und horizontal zu erkunden. Sie will ihre Dame von e7 nach h4 ziehen, um mir „Schach" zu bieten.

„Das geht nicht!"

„Warum nicht?"

„Weil dir der Bauer auf g5 den Weg versperrt. Du kannst bestenfalls mit Dame e7 – e4 und in einem zweiten Zug De4 – h4 die beiden Bauern umgehen. Bedenke aber, dass e4 von meinem Springer auf c3 gedeckt wird und ich deine Dame schlagen kann. Du brauchst zwei Züge und der Weg ist gefährlich." Mit ihrer Dame in der Hand zeichne ich die Wege nach, damit sie alles versteht.

Sie denkt nach.

Durch meine Erklärungen stehen die beiden Bauern auf f5 und g5 bereits etwas verschoben - nicht genau mittig - auf ihren Feldern.

Charly richtet sich auf; sie weiß jetzt, was sie zu tun hat. Laut hörbar atmet sie tief durch die Nase ein, greift sich ihre Dame und zieht sie von e7 nach h4 - indem die soeben benannten Bauern noch ein wenig weiter beiseite gedrängt werden. Dann schiebt sie das Kinn nach vorn, presst die Lippen trotzig aufeinander und erwartet meinen Protest.

„Das geht nicht!", sage ich mit Nachdruck. „Ich hab's dir doch erklärt. Die kommt da nicht vorbei."

„Das geht wohl!" Sie weist mit den Fingern der linken Hand, die Handfläche nach oben gedreht, auf den Weg ihrer Figur.

„Du hast selbst gesagt, der andere Weg ist gefährlich und er dauert zu lange und man soll immer den kürzesten Weg gehen." Ihre Augen werden dabei groß und sie kraust ihre Stirn.
Mit tiefster Überzeugung in der Stimme, keinen Widerspruch duldend und jedes Wort betonend, fügte sie an:

„Meine Dame ist schlank genug, die kommt da durch!"

Daniel Jung

wurde am 27. September 1952 in Beeskow geboren. Sein Vater war Theologe, die Mutter Angestellte einer Evangelisch-Freikirchlichen Gemeinde. Nach der Ausbildung zum Fachverkäufer, dem Abitur und Wehrdienst bei der Marine, schloss er 1980 sein Zahnmedizinstudium an der Charité der Humboldt-Universität zu Berlin ab. 1996 erfolgte die Promotion zum Dr. med. dent. Daniel Jung ist verheiratet, hat zwei Kinder und zwei Enkeltöchter und schreibt Kindergeschichten.

Tom Kadiet

IM INNERN DES BAOBABS
(eine Ballade)

Sieben Mal kam der weiße Jäger den Weg entlang. Jedes Mal trug er einen Affen in einem Käfig mit sich und jedes Mal sang er ein Lied. Nein: Das siebente Mal sang er nicht. Das siebente Mal blutete er an der Hand und der Affe war tot in seinem Käfig und der Hut des Jägers war rot vom trockenen Blut und sein Karabiner war durch die Gitterstäbe des Käfigs geschoben, sodass er den Karabiner über der Schulter und den Käfig daran auf dem Rücken baumelnd trug, mit dem Affen darin, tot. Auch das Lied war jetzt tot, dachte Morro-tse, und es hing in einem Baum, irgendwo.

Er nahm seinen Bogen und den Speer vom Boden und erhob sich aus seinem Versteck. Er wollte zu dem Baum, wo das Lied von dem Jäger hing. Das trockne Blut sagte ihm, er müsse ein paar Windnasen weit laufen, um den Baum zu finden. Er stieg zwischen den Felsen den Hang des Hügels hinab zu dem Weg – dem Weg, wo nur weiße Jäger liefen, zürnte er: mit Füßen aus Füßen von anderen Tieren, wo sie Affen im Käfig am Karabiner tragen, um nicht dumm in den Büschen hängen zu bleiben, wo sie Lieder beim Laufen sangen, dabei ihre Beute vertrieben, tagelang, wie dumm ihren Fährten folgten, um sie dann mit dem Knall ihrer Karabiner zu erschlagen. Sie machen das für ihren eisernen Gott, die weißen Jäger. Auf diese Weise lieben sie ihn. KoRe, das war nicht gesund!

Morro-tse sah sich die Spuren des weißen Jägers auf dem Wege an: Der Jäger war zwei Warzenschweine schwer, seine Fußspitzen drangen tief in den Staub. Er war trächtig wie eine Hyäne; es war sein Bauch, gewaltig schwer von Bier und jeden Tag weißen Bohnen. Die Spuren des Jägers schleiften im Staub; sein Herz musste Schmerzen gehabt haben, nicht sein Fuß. Vor der Biegung des Weges hatte der Jäger die Last auf die andere Schulter verlegt und dabei viel Nass in den Staub gespuckt. Also hatte er einen Kürbis voll Wasser dabei, dachte Morro-tse, und

„wer Wasser schleppt", sagte der Toktokie-Käfer in Morro-tses Kopf, „hatte seinen Jeep hinter dem Hügel gelassen, und wer seinen Jeep hinter dem Hügel lässt, hat kein Benzin mehr, um zu fahren". Ja, genau! Oder anders? Oder doch, oder: „... Toktokie-Käfer, was sagst du dazu?"

Doch Morro-tse ahnte, die Spuren logen. Er musste dorthin laufen, wo das Lied von dem Jäger in einem Baume hing, um die Wahrheit zu erfahren; die Wahrheit war schlauer als der Toktokie-Käfer. Und er musste sich beeilen, damit die Wahrheit nicht mit der Sonne unterging. Er schaute auf den Niem; das Licht des Himmels schien matt im Wachs seiner Blätter; also Regen würde es keinen hier geben; die Wolken am Horizont und ihre schlängelnden Blitze hatten sich anders entschieden – vielleicht, um das Lied von dem weißen Jäger nicht zu ertränken. Morro-tse würde den Ḳaggen nach der Wahrheit fragen, aber ... der ist ein Trickster und käme erst mit der Dunkelheit.

Am Abend kam Morro-tse an das Ende der Spuren. Doch dort war nichts, nur der Geruch am Busch vom Piss der Hyäne: kein Rest von Beute, keine Zweige von einem Lager, kein Blut. Und auch kein Lied hing in dem himmelsmächtigen Baum am Ende der Spuren. Morro-tse war eine Riechweite vor dem Baum stehen geblieben, auf dem Sand glatt vom Lagern und Spielen der Tiere. Er grüßte den Baum, fragte nach seinem Befinden und auch nach dem Lied von dem weißen Jäger mit dem Hut – von dem Blut sagte er nichts. Doch der Riese antwortete nicht. KoRe, das war nicht gesund! Der Baum musste Schmerzen haben – nicht am Fuß: im Herzen. Baobabs haben große Herzen, voller Höhlen und der dort lebenden Wesen und deren Wunden und Qualen, sie würden Antworten haben – immer; sonst immer; doch heute wohl nicht. KoRe, das war nicht gesund! Morro-tse wagte nicht, dem Baum näher zu treten, denn er war allein, ohne Familie und seine Kinder; die waren weit weg, weiter als die Wolken am Horizont unter den Blitzen. Er befürchtete, die

Pisspiss-Hyäne wollte heute Nacht auf dem glatten Sand kampieren, mit ihrer Familie und ihren Kindern spielen.

Morro-tse suchte zwei halbrunde Steine für seine Fersen, legte Bogen und Speer in Hörweite des Baobabs auf den Boden, hockte sich hin, schob seine Fersen auf die Steine, drückte seine angewinkelten Knie unter die Achselhöhlen, streckte seine Arme weit nach vorne, den Wind fühlend, die Augen geschlossen, den Duft der Akazie in seinen Nasenhöhlen. Er hörte den Witwenvogel klagen, die Buschtaube gurren und die Panzerameisen in ihren Erdgängen scharren. Jetzt waren seine Ohren offen, um den Herzschlag des Baobabs zu spüren und auf seine Wahrheit zu warten.

Der Mond hatte die Wolken am Horizont vertrieben und legte die Schatten des Baobabs auf den Sand und auf die Spuren. Und wie die Schatten der mächtigen Äste, so fügten die Spuren sich in ihr Gewirr und wurden eins mit ihnen. Morro-tse stand auf, nahm die Steine unter seinen Fersen, verschob sie wie die Schatten, einmal, zweimal, und mehr, immer dem Mond hinterher.

Und, als der Mond hoch genug stand, wurde er eins mit den Schatten und die Geschichte der qualvollen Tage in ihm begann, sich selber zu erzählen ...

Er ...! Er hatte den Säugling nicht erschlagen; er hatte es den weißen Männern immer wieder gesagt. Die verstanden seine Klick-Sprache nicht. Nur der eine mit dem blinkenden Schmuck auf den Schultern, der später kam, der verstand sein Reden, aber wohl nicht die Wahrheit, die aus Morro-tse sprach, Wahrheit so wahr wie vom Toktokie-Käfer. Die Klicks des Mannes waren schlecht wie von Fischen, wenn man ihnen mit der Keule den Kopf abschlug. Der Blinkende-Schmuck-Mann hieß Leutnant und trug seinen Lendenschurz von den Füßen bis zum Hals mit Riemen aus Leder und daran seine Waffe – nicht wie Speer und

47

Bogen, sondern wie Schmerz aus Feuer und Gift vom gelben Skorpion – eine Waffe, die er Karabiner nannte. KoRe, das war nicht gesund! Der Falsche-Klick-Mann fragte immer wieder, wo das weiße Mädchen war. Aber er, Morro-tse, sagte auch immer wieder das Gleiche: die Wahrheit wie aus dem Toktokie-Käfer.

Er sagte, er habe den Säugling nicht erschlagen. Das weiße Mädchen habe das Bündel ins Bushveld getragen, bis weit hinter die Farm, einen halben Tagesmarsch für kleine Füße. Er war auf der Jagd, habe ihre Spuren gelesen, sei ihnen gefolgt, denn die Spuren waren krank, nicht in den Füßen, nein: im Herzen. Das Mädchen habe ein Loch ausgehoben, das tote Wesen darin, bräunlich-weiß wie ein Engerling, in das Loch gebettet. Sie habe Worte gesprochen und ein Lied gesummt, habe geweint. Er habe sich genähert, wollte ihrem Herzen helfen, die Worte von ihrem Körper zu lösen. Da sei sie weggerannt, stumm, immer in die Sonne hinein, dorthin, wo keine Bäume, keine Büsche und kein Gras mehr stehen.

Er habe den toten Säugling in Hockelage gebracht, wie seine Väter und die davor, habe versucht das Lied, das das Mädchen summte, aus den Ästen der Bäume zurückzuholen, es in das Loch zu legen zu dem Kind; habe es nicht vermocht, das Lied war mit dem Wind verflogen. Habe ein Lied aus seinem Kraal mit den Füßen in den Boden gestampft, habe das Loch verschlossen mit dicken Steinen, damit die Hyänen in der Nacht das Kind nicht stahlen. Er habe dort gesessen und für das Mädchen weiter geweint, denn sie sei ja nicht fertig geworden; das müsse so sein, weiter zu weinen; das müsse so sein. Er habe gewartet und seine Gedanken auf Weidepfade geschickt.

Bis ... bis dann die weißen Farmer kamen, ihm den Eisenring um die Füße legten mit der Kette daran, und ihn in einen heißen Raum steckten ohne ein Loch zum Himmel, ohne Luft, ohne Essen, das essbar wäre: Maisbier, das ihn kreiseln und dumm schwatzen ließ, und weiße, giftig-rohe Bohnen, die in seinem Wanst unerträglich qualvoll quollen und schoben, nächtelang.

Viele Männer waren gekommen, Männer zweimal so hoch wie er und vielmal so schwer wie Warzenschweine; sie zeigten immer wieder auf ein Holz an der Wand mit einem eisernen Toten daran und der, der Leutnant hieß, rief: „Du liebst ihn doch!" Und morgens sagten sie immer Morro-tse zu ihm. Nun gut, dann hieß er jetzt eben so. Er wollte endlich schlafen – obgleich: das war wirklich nicht gesund.

Dann, eines Nachts, nach vielen Tellern ohne Essen, das essbar wäre, zogen sie ihn in einen Käfig; der Falsche-Klick-Mann sagte Jeep dazu; der fuhr zwei Tage lang auf Wegen, wo nur weiße Jäger liefen, mit Füßen aus Füßen von anderen Tieren, und auch der Jeep hatte Füße wie Elefanten. Dann hielt der Käfig-Jeep in einem Kraal mit Eimern, die stanken; der Falsche-Klick-Mann sagte: „für den Käfig-Jeep, Benzin zum Trinken".

Er, Morro-tse, müsste mal kacken; sie zogen ihn aus seinem Käfig hervor, ketteten ihn an einen der Elefantenfüße von den Käfig-Jeep und gingen, um sein Kacken, Pissen und Kotzen zu meiden, in die Hütte aus Steinen, hinter den Eimern, die stanken.

Er schlang die Kette um einen Fuß des Elefanten und um seine Eisenspeere am Unterleib. Dann schob er mit aller Kraft und einem lautlosen Brüllen im Herzen den Elefanten und flehte ihn an, sich zu bewegen. Die Kette knackte wie der Fisch, wenn man ihn mit dem Knüppel den Kopf abschlug. Ich, Morro-tse bin frei!

Seit dem laufe ich Tage und Tage, fünf Hände Finger voll, mit diesem Eisenring am Fuß und dem Rest der Kette daran. Viele Falsche-Klick-Männer und Käfig-Jeeps und große Elefanten auf runden Füßen und Eisenspeeren am Unterleib und auf dem Rücken haben sie mir auf die Spur geschickt. Mit ihren Karabinern blieben sie dumm in den Ästen der Büsche hängen und beim Laufen sangen sie Lieder, sodass sie mich wie ihre Beute vertrieben, und wenn sie mich sahen, erschreckten sie mich mit dem

Knall ihrer Karabiner. Aber ich, Morro-tse, bin Toktokie-Käfer vielmal klüger, habe mir Waffen aus den Büschen und den Bäumen gepflückt, Gift aus dem Kaktus um wach zu bleiben, Wasser aus der Wurzel des Mwunze und Mut aus seinen Blüten, denn ich bin frei und habe einen Bogenpfeil, der lautlos fliegt und mit seinem Gift aus Käferlarven den Falschen-Klick-Männern Träume und starre Glieder schickt. KoRe, das ist gesund!

Aber mich können sie nicht fangen, denn das Lied von dem Mädchen habe ich noch nicht gefunden. Das habe ich ihnen doch in dem Käfig ohne Himmel immer wieder gesagt. Der eine, der Leutnant mit dem Lendenschurz von den Füßen bis zum Hals, mit Riemen aus Leder, nur der hat mich verstanden, vielleicht nicht mein Herz, aber die Weidepfade meiner Gedanken ...

So hatte Morro-tse es dem Baobab geklagt.

Die Schatten vom Baobab waren weiter gerückt; die Fußspur von dem weißen Jäger war jetzt im Muster aus dem Mond auf dem Boden zu sehn und lief bis an den Stamm wie durch ihn hindurch. Der Ḳaggen war nun doch nicht gekommen, der Mond war zu hell und Morro-tse hatte die Hyäne kommen gehört, so fragte er den Baobab um Erlaubnis, sich zu nähern. Er spürte die Antwort aus dem Blätterdach und ging zu dem großen Loch in dem Stamm, wo die Spur endete und sich der Eingang zum Herzen des Riesen befand. Morro-tse legte Bogen und Speer auf den Boden, stieg in das Loch und immer tiefer hinein. Er fühlte sich wohl hier, hatte nun dem Baobab seine Geschichte erzählt, Worte, die nur der Baobab versteht und der Himmel über dem Säugling im Grab mit den Steinen gegen Hyänen.

Der Skorpion! Nein! Alle Skorpione im Buschmannsland bissen – wie der Blitz aus der Wolke in den Baobab-Baum – in seinen Fuß. Der Knall von Eisen auf Eisen, von Zähnen aus Eisen und von Zähnen der Hyäne und denen des Cheetah und des

Waran bissen gleichzeitig in seinen Knochen – und knackten ihn. Er riss an der Kette der Zähne, doch noch eine andere Hyäne aus Eisen biss in seinen Arm. Er wollte springen, aus dem Loch, aus dem Baobab hinaus. Warum, du schöner Baum, und Herr unserer Väter und der Väter davor, warum nur hast Du mich verraten!?

Jetzt hockte Morro-tse in dem heißen Baum ohne ein Loch zum Himmel, ohne Luft, ohne Essen, das essbar wäre. Er hechelte sich in Trance, legte das Feuer des Schmerzes in seine Träume, seinen Durst in die Worte, die er sprach, ausspuckte und auf diese Weise den Durst vergaß; seinen Hunger knetete er aus seinem Magen und fraß die Fasern im Innern des Baobabs, der Höhle seines Sterbens.

Er wachte auf, als er schon vor dem Baobab lag, die Hände auf den Rücken gebunden und die Hyänen aus Eisen von seinem Fuß und die von seinem Arm blutig verkrustet neben ihm lagen, mit offenem Maul, ohne Kopf und Seele. Der weiße Jäger, der sieben Mal den Weg entlang gekommen war und jedes Mal einen Affen in einem Käfig mit sich trug, gab ihm Wasser, wusch seine Wunden, tupfte braune Flüssigkeit auf sie und sagte freundlich im reinen Khoikhoi-Klick seines Vaters Stammes zu ihm: „Wir haben das Mädchen gefunden, es lebt, und ich habe die Spuren deines Tanzes am Grab gesehen; wir wissen jetzt, dass Du ihr Kind nicht getötet hast, aber wir brauchen Dich als Zeugen."

Tom Kadiet

Der Autor, Tom Kadiet, wurde in Deutschland geboren, als es gerade in Trümmern versank, und so wurde die ganze Welt sein Zuhause. Fünf Jahrzehnte lang lebte, studierte und arbeitete er in verschiedenen Ländern Afrikas und Amerikas, Europas und Asiens. Sein literarisches Werk folgt den Spuren der Lebensmuster ihrer Bewohner.

Adrian S. Kostré

INSELWERK

Die Flut

Immer mehr Meer
steigt die Küste hinauf.
Die kleine Insel
gibt es fast nicht mehr.
Nur noch das Meer -
mit gar nichts mehr darauf.

Insula

oder "Wie meine Insel unterging"

Ein paar Jungs und ich, Frauen waren auch dabei, insgesamt waren wir so um die zwei Millionen – wir hatten mal eine Insel. Sie lag weit weg von westlicher Zivilisation, als Einzige mitten in einem großen dunkelrot schimmernden Meer, genannt DDR.

Unsere Insel hieß West-Berlin und war weltweit bekannt für ihre Schönheit und Vielfalt, aber auch für ihre besondere Lage und wundersame Architektur. Wir hatten einen Schutzwall aus Beton, einen Flughafen mitten in der Stadt, Häuser, in denen wir umsonst wohnen konnten, U-Bahn-Haltestellen, an welchen kein Zug hielt, und zeitweise sogar eine Luftbrücke. Ein Drittel unserer Insel machten die Grünflächen aus, und diese waren heilig. Man konnte sich auf einer Insel baulich schlecht ausbreiten, ohne sie kahl zu schlagen, und deswegen wurden die grünen Oasen geschützt.

Auf der Insula, so nannten wir unser Eiland, lebten logischerweise die Insulaner. Sie waren geistreich und rebellisch. An den Orten, die genauso hießen wie sie, "Insulaner", suchten sie tagsüber Abkühlung oder hielten nachts Ausschau nach den Sternen. Selbst eine beliebte Sendung, die im lokalen Fernsehen und Radio lief, hieß "Die Insulaner". Und auch unsere Funkhäuser trugen ungewöhnliche Namen. Das eine hieß "Sender Freies Berlin" und das andere "Rundfunk im amerikanischen Sektor".

Drei Herrscher hatten unsere Insel in drei Kolonien unter sich aufgeteilt: die amerikanische, die britische und die der "französischen" Insulaner. Und obwohl die Straßen auf unserer Insel nach ihren Helden benannt waren, blieben die Kolonien selbst namenlos und hießen einfach Sektoren.

Um von einer Kolonie in die andere zu gelangen, brauchte man keinen Pass – wir hatten auch keinen, wozu auch, und stattdessen nur einen ganz besonderen "Behelfsmäßigen Personalausweis", und der war in der schönen und neutralen Farbe grün gefasst – der Farbe unserer Insel.

Wenn man damit irgendwo im Ausland auftrat, war man ein Jemand! Alle Grenzer und Zöllner der Welt bewunderten dieses kleine Büchlein, hielten es lange in ihren Händen, blätterten fasziniert darin, und gebärdeten sich so, als würden sie uns unser grünes Schmuckstück der Druckkunst am liebsten gar nicht erst zurückgeben wollen.

Doch man musste schon Einiges in Kauf nehmen, um an ein solches Stück Papier ranzukommen. Ist man nicht bereits durch Geburt ein Insulaner gewesen, war ein Insulaner zu werden eine Entscheidung fürs Leben.

Die Reise zu unserer Insel, aber auch weg von ihr, war immer gefährlich. Überall lauerten Piraten mit Hämmern und Sicheln im trostlosen Meer der DDR. Wozu die Zirkel da waren, wollte sich keiner vorstellen. Man kam sich wie Ikarus vor, der unter der Sonne flog – nicht zu hoch und nicht zu tief, das war wichtig.
Nicht zu schnell und nicht zu langsam, das galt für uns als eine der wichtigsten Regeln beim Überqueren des uns umzingelnden Meeres. Und möglichst nicht anhalten, man denke an Odysseus und die Sirenen, die hier Intershop hießen, und auf keinen Fall vom Weg abkommen, denn dann war man verschwunden – für immer.

So viele Ahnungslose, die uns besuchen wollten und eine Reise zu uns wagten, kamen geplündert an, und manche hatten aufgrund ihrer schrecklichen Erlebnisse eine solch große Angst vor dem Weg zurück bekommen, dass sie einfach blieben.

So wuchs das Volk der Insulaner, die alle grundsätzlich fried-liebende Bürger waren, denn sie verabscheuten Waffen und Armeen. Ein Insulaner diente nicht – und darauf war er stolz!

Das einzig Gute, was uns von den Herrschern des uns um-zingelnden feindlichen Meers widerfuhr, war eine Mauer, die sie aufrichteten, um uns einzusperren, und die sich aber als unser Schutzwall gegen alle möglichen Bedrohungen von außen er-wies.

Mit der Zeit hatten wir diese Mauer fast lieb gewonnen. Kei-ner konnte sich auf unserer Insel verirren. Egal wo man hinging, stieß man am Ende auf "unsere" Mauer. Auch große Verbrechen waren auf unserer Insel eine Seltenheit, denn ein Räuber oder Mörder konnte nirgends hin fliehen. Auch er stieß früher oder später auf "unsere" Mauer.
Selbst unsere Feinde, die die Mauer errichteten, hatten sich damit nur selbst ausgesperrt. Wir dagegen hatten Podeste auf-gerichtet, von welchen aus wir jederzeit einen Blick über die Mauer werfen konnten, aber wozu. Dieses "Vergnügen" überlie-ßen wir lieber unseren neugierigen und ahnungslosen Besu-chern.

Ja wir waren glücklich auf unserer Insel! Diese furchterre-gende Mauer hatte uns nicht nur umzingelt, sondern auch näher zusammengerückt. In ihrer schmerzhaften Umarmung wurden wir zu einer Familie und wie Matrosen auf weiter See freuten wir uns über einander, egal wo wir uns auf der Welt begegne-ten.

Und dann geschah es … In einer schicksalhaften windigen Nacht, im Herbst des Jahres 1989, fiel "unsere" Mauer. Von überall kamen Heerscharen freundlich unsicher lächelnder Nachbarn aus unserem einstigen Feindesland, angekündigt durch den blauen übel riechenden Rauch ihrer grauen Gefährte und trugen unseren Schutzwall Stein für Stein ab. Einige, wohl vom Schock verrückt gewordene Insulaner halfen ihnen sogar dabei. Und irgendwann gab es kein Halten mehr, und das Meer der Unterdrückten und Geknechteten ergoss sich über unsere Insel, und sie ging unter, sang- und klanglos, als hätte es sie nie gegeben. Wie Atlantis – eine Kultur, der man noch heute nachweint, ohne sie jemals gekannt zu haben.

Die drei Weltenherrscher verließen die sinkende Insel ohne Weihrauch, Myrrhe und Gold zu hinterlassen. Neue Machthaber kamen, die zwar unsere Sprache sprachen, aber uns trotzdem nicht verstehen konnten oder wollten und die aus uns ganz gewöhnliche Landratten machten.

So verloren ein paar Jungs und ich, Frauen waren auch dabei, insgesamt waren wir so um die zwei Millionen, unser kleines Eiland, unsere Einzigartigkeit und Selbstbestimmung, unsere Bedeutung und unseren besonderen Sinn. Und eine solche Insel suchen manche von uns noch heute verzweifelt auf allen Meeren dieser Welt.

Apfeldiebe

Sie hatten alles und wussten es nicht. Sie waren ahnungs- und wunschlos glücklich und wussten nicht einmal das. Wie ein Mann, der nachts aufwacht, weil er einen bedeutenden Traum hatte und sich vornimmt diesen am nächsten Morgen unbedingt aufzuschreiben und schläft dann wieder ein und wacht dann wieder auf und hat den Traum vergessen und vermisst nichts und verspürt nur ein etwas seltsames bitteres Gefühl der Unzufriedenheit, das er (sich) nicht erklären kann, als hätte er etwas vergessen, bis er schließlich auch das vergisst. Der Vergleich hinkt!

Als Eva in den Apfel biss erkannte sie, was Adam hatte und sie nicht hatte und dass sie Adam wollte, er aber sie nicht wollte, und sie wollte, dass er den gleichen Wunsch verspürt, nicht weil sie ihr Glück teilen wollte, sondern ihr Unglück, welches ihr die Erkenntnis brachte.

Und so ist es mit euch, die ihr Kriege führt, von anderen, von uns angezettelt, und uns dafür verantwortlich macht, dass ihr in den Apfel gebissen habt.

Ihr könnt den Teufel nicht dafür verantwortlich machen, dass er ein Teufel ist, und selbst wenn ihr ihn los werden würdet, würdet ihr nicht euch los werden, eure Bereitschaft auf den Teufel zu hören und solche, die es nicht tun, dazu zu verführen. Nur wenn ihr widerstehen würdet, wäre der Teufel besiegt und gezwungen sein Tun und Sein aufzugeben, da es frucht- und sinnlos wäre. Und dann könnten wir uns wieder alle schlafen legen, um wieder aufzuwachen ohne Wünsche, Reue und Erinnerung.

So hat uns Gott geprüft und wir haben nicht bestanden, machen aber Gott und die Prüfung für unser Unglück verantwortlich, und wenn es den Teufel nicht gäbe, so hätten wir ihn erfunden, nur um nicht selbst schuld sein zu müssen an dem, was wir taten und was wir sind: Apfeldiebe.

Denn genau das ist der Mensch und was ihn ausmacht, und seine Menschlichkeit beinhaltet immer auch das Böse in uns, und wir sollten auf diese weder stolz sein noch uns mehr davon wünschen und auch nicht die Göttlichkeit ersehnen, denn unser Gott ist ein unglücklicher Gott, ein Vater, dessen Kinder missraten sind, und das einzig wirklich Wünschens- und Erstrebenswerte ist eines Tages wieder die Unschuld Adams zu erreichen, vor dem Biss in den Apfel, doch diese ist uns in dem Augenblick für immer verloren gegangen, in dem wir von dem Apfel Kenntnis erlangten und wir müssten jetzt auf alles verzichten, was wir früher weder hatten noch vermissten, und könnten dennoch so lange nicht glücklich werden, wie wir uns daran erinnern.

Um glückliche Menschen zu werden, müssten wir aufhören Menschen zu sein und wären dann allerdings weder Menschen noch glücklich. Wir würden nur sein. Niemanden von Nutzen – nicht einmal uns selbst. Und so könnten, wollen wir nicht leben, seitdem wir den Apfelbaum entdeckten und von seiner fruchtbaren und furchtbaren Frucht kosteten, und sind bereit zu töten und zu sterben nur um unseres vermeintlichen Selbstbestimmungswillens, als gäbe es kein Morgen, kein Gestern und kein Jetzt, und am Ende aller Wege nur den Apfelbaum.

Adrian S. Kostré

wurde 1958 in Essen geboren und wuchs in Kroatien auf. Dort studierte er Filmregie und arbeitete als Vertragsübersetzer für das Amerikanische Generalkonsulat in Zagreb. 1981 kehrte er zurück nach Deutschland und lebt seitdem in Berlin, wo er als Journalist, Regisseur, Autor, Sprecher, Lektor und Übersetzer arbeitet. Seit 1992 ist Kostré Redakteur des Sender Freies Berlin, jetzt rbb.

Ulrike C. Nikutta-Wasmuht

EXODUS oder DAS BITTERE ENDE DES DR. CHI

Anna Lechner führte, wie jeden Morgen um sieben, ihren Hund aus. Mister Brown, so hieß der, obwohl der kleine Pudel alles andere als braun war. Er war weiß mit fast roten Augen. Sie gingen stets zum Grunewaldsee, von manchen „Kötersee" genannt, weil dort Hunde frei laufen und auch baden durften. Dort trafen sich die Hundefreunde mehrmals am Tag. Man wusste Bescheid, darüber, wie es dem alten Herrn mit seinem überernährten Dackel nach dessen Krankenhausaufenthalt erging, man tauschte sich über das neueste Angebot von Trockenfutter für den Senior aus, und man besprach das Wetter.

„Mister Brown, kommst du? Mister Brown! Komm jetzt ..."

Der Pudel schnüffelte aufgeregt am Weg entlang, den Schwanz angespannt in der Höhe. Die Rentnerin ging weiter und sprach zu ihrem Hund, ohne darauf zu achten, wo Mister Brown genau war.

„Du weißt doch, Mama hat um zehn einen Termin. Da muss ich pünktlich sein. Also geh' bitte weiter."

Sie drehte sich um und da sah sie ihren kleinen Hund zielstrebig die Böschung zum See hinuntereilen.

„Mister Brown! Hiergeblieben! Komm zurück. Aber schnell!"

Doch Mister Brown achtete nicht darauf, was „Mama" rief, sondern gelangte zielstrebig zu einem Müllsack mit undefinierbarem Inhalt. Dieser schien sein Ziel gewesen zu sein.

Aufgeregt rannte er um diesen herum, bellte, streckte den Kopf in die Höhe und machte einen auf Wolf, der heulend sein Rudel informieren wollte. Anna sah keine andere Chance als sich selbst die Böschung hinab zu begeben, um ihn einzufangen. Es stank bestialisch, fast wäre ihr schlecht geworden und sie hielt sich ihr Spitzentüchlein vor die Nase, das sie vor vielen Jahren von ihrer Großmutter geerbt hatte.

„Mister Brown, weg da. Komm sofort!"

Doch Mister Brown gefiel sich in seiner Rolle als Wolf. Anna musste sich der Szenerie weiter nähern. Sie hielt sich an ihrem Tüchlein fest und stupste den gefüllten Beutel an. Er war weich. Dann versetzte sie angewidert dem Ganzen einen heftigen Tritt. Der pralle Müllsack fiel zur Seite und hinterließ einen feuchten erdigen Fleck. Auf der blauen Oberfläche stand etwas mit schwarzem Stift geschrieben, was sie nur schwer entziffern konnte:

Das hast ………………………………..
…… N=65 T…… ge ………………..

Das sagte ihr nichts. Irgendetwas mit Zahlen, mit 65, aber den Text, den konnte sie kaum lesen. Der war klein geschrieben und ziemlich verwischt. Doch eines wusste sie, hier stimmte etwas ganz gewaltig nicht und sie wählte die 110 auf ihrem Handy ...

Wenig später war der eben noch beschauliche Platz belebt. Polizeibeamte hatten die Böschung abgeriegelt, die Spurensicherung stellte ihre Koffer und Laptops ab und steckte ihre kleinen Tafeln mit Zahlen darauf in die Erde.

Kommissar Brunner, ein stark untersetzter, nicht allzu großer Mann mit Halbglatze befragte Anna im Detail, wann genau und wie sie diesen Müllsack mit den Leichenteilen darin gefunden hatte. Und er wollte wissen, wo dieser genau gelegen hatte, bevor sie ihm einen Tritt versetzte. Anna hatte ihren Hund inzwischen an der Leine und erzählte bereitwillig, was sie erlebt hatte. „Was steht denn auf dem Sack?", wollte sie wissen.

„Das können wir noch nicht genau sagen, Frau Lechner. Das muss erst untersucht werden", erwiderte der Kommissar. Nachdem Anna mit ihren Ausführungen fertig war und er ihre Personalien aufgenommen hatte, entließ er sie in die Freiheit.

Der Text auf dem blauen Beutel war schnell entziffert. Ein Beamter der Spurensicherung las ihn den Umstehenden vor:

Das hast Du nun davon. Und Du kannst es genau haben. Es sind aus einer Grundgesamtheit N=65 Teile genau n=28. Eine vollkommene Zahl. Genügend, um Schätzungen anzustellen. Allerdings nicht randomisiert. Sorry!

„Was heißt das denn?", wollte der junge Kollege von Brunner wissen. „Das muss ein Zahlenfetischist sein", fügte er hinzu, „ein ziemlich perverser sogar. Zerstückelt der eine Leiche und zählt die Teile. Das habe ich doch noch nie gehört. Abartig ist das. Macht der aus seinem Opfer Hackfleisch ... Entschuldigung ... und zählt das auch noch durch ..."

Einer der Herren aus der Spurensicherung ergänzte den jungen Kommissar, als er meinte: „Eines ist wohl klar. Vollständig ist das hier nicht. Wo sind die anderen 37 Teile?"

„Wieso?", sah ihn der junge Kommissar fragend an „Wie kommen Sie darauf?"

Es wurde Verstärkung angefordert, um die Gegend weiter abzusuchen, der Müllsack nebst Inhalt wurde in die Charité gebracht. Indes kehrte Anna Lechner mit Mister Brown aufgewühlt nach Hause zurück, um rechtzeitig um zehn Uhr bei ihrem Arzt zu sein. Nach kurzer Zeit wusste das ganze Wartezimmer über ihr morgendliches Abenteuer am Grunewaldsee Bescheid.

Es waren in der Tat 28 Leichenteile, die Gerichtsmediziner zählten genau nach und bestätigten deren Unvollständigkeit. Der Text wurde in der Kriminaltechnik noch einmal überprüft. Der Beamte vor Ort hatte ihn korrekt wiedergegeben. Er wurde abgetippt und als Datei an Brunner geschickt. Schnell war klar, dass man es mit Statistik, genauer mit „schließender Statistik" zu tun hatte.

„Der Täter will den Finder dieses Sackes zwingen, von ‚n' auf ‚N' zu schließen", tat sich der junge Praktikant hervor. Er war im Bachelorstudium an der Polizeihochschule und strebte an, Kriminalbeamter zu werden.

„Was heißt das denn?", fragte der junge Kommissar den Praktikanten.

„Naja, ‚N', also in unserem Fall alle Leichenteile, ist nicht bekannt, aber man kann von bekanntem ‚n', also der Stichprobe sozusagen, die Parameter von ‚N' schätzen."

„Versteh kein Wort", so der junge Kommissar und wandte sich ab.

„Wohl nie Statistik gehabt?", maulte der Praktikant ihm hinterher. Er googelte indes den Begriff der „vollkommenen Zahl" - da musste doch auch eine Botschaft dahinter stecken. „Aber welche?", überlegte er. „Eine natürliche Zahl ‚n' wird ‚vollkommene Zahl', auch ‚perfekte Zahl' genannt, wenn sie gleich der Summe aller ihrer positiven Teiler außer sich selbst ist. Gibt's denn auch negative Teiler? Also was heißt das?", überlegte er weiter. „Die ersten 10 vollkommenen Zahlen sind 6, 28, 496 …", las er weiter. „Also 28 ist 14 + 7 + 4 + 2 + 1 … Und eine mystische Zahl? Die Mondphasen, der weibliche Zyklus, die Siebentägigkeit der Woche?"

Je mehr er nachdachte, umso mehr fiel ihm dazu ein. Aus seinen Gedanken wurde er erst durch das Telefon gerissen …

Noch am gleichen Tag fand die angeforderte Hundertschaft einen weiteren Sack, halb vergraben in der gegenüberliegenden Böschung. Auch der war blau, ebenfalls gefüllt mit Leichenteilen und trug, genau wie der Andere, eine schwarze Aufschrift:

n=31. Genügend groß, um in die Normalverteilung zu approximieren! Biometrische Daten sind doch normalverteilt? Oder nicht, Dr. χ^2?

„Das verstehe ich nun gar nicht", stöhnte der junge Kommissar, als einer von der Spurensicherung den Text entzifferte, nachdem er ihn mit einem Spray kurz bearbeitet hatte.

„Ich auch nicht", resignierte Kommissar Brunner.

„Der Täter ist pervers. Das ist klar. Hat der wieder genau durchgezählt. Wie abartig ist das denn?"

„Aber was heißt das: ‚Oder nicht, Dr. was Quadrat?'", fragte Brunner laut. „Spricht der Täter zu seinem Opfer? War der ein Doktor? Wie war noch mal der Name?"

„Am besten wir fragen unseren Klugscheißer im Büro. Der kennt sich doch so gut aus", brach es aus dem jungen Kommissar heraus, der sich über seinen guten Einfall freute.

„Am besten", schob Brunner hinterher und wandte sich einem Kollegen aus der Spurensicherung zu.

Im Laufe des Tages untersuchten die Gerichtsmediziner den weiteren Fund. Es waren genau 31 Teile, die zu demselben Opfer gehörten. Man hatte inzwischen die Blutgruppe ermittelt und die Bestimmung der DNA in Angriff genommen.

„χ^2, das ist ein Zusammenhangsmaß. Man liest das Chi Quadrat", glänzte der Praktikant, als man ihm den Text vorlegte.

„Also könnte das ein Name sein? Ein Spitzname für einen Mann oder eine Frau mit Doktortitel?", überlegte Brunner laut. „Und was heißt das in dem Text mit Normalverteilung und approxi … was?", fragte Brunner den Polizeistudenten, als Frau Krämer zu ihm trat und sagte:

„Seit vier Tagen wird ein Mann namens Dr. Herbert Chi vermisst. Ein Angehöriger hat eine Vermisstenanzeige aufgegeben."

„Dr. Chi? Und 59 Teile haben wir von ihm. Von 65 insgesamt", überlegte Brunner vor sich hin. „65 Einzelteile", stöhnte er weiter.

Brunner und sein junger Kollege fuhren zu Markus Langbein. Dieser hatte Chi als vermisst gemeldet. Er lebte mit ihm in einer eingetragenen Lebensgemeinschaft. Sie bewohnten ein Reihenhaus in Lichterfelde. Die Kommissare fuhren langsam die Jägerndorfer Zeile entlang, bis sie die richtige Hausnummer gefunden hatten.

„Eine unbescholtene Gegend", kommentierte der alte Kommissar das, was er sah: ein weißes, gepflegtes Haus, einen Jägerzaun, den kurz gehaltenen Rasen vor der Eingangstür, Blumenrabatten mit unzähligen Gartenzwergen … An der weißen Eingangstür mit der großen Messingklinke hing ein Strohblumenkranz, vor der Tür lag ein halbrunder Abstreifer mit der Aufschrift „Herzlich willkommen!" Sie klingelten und ein lang gewachsener, junger Mann begrüßte sie freundlich.

Nachdem sie sich ihm vorgestellt hatten, bat Markus Langbein sie ins Haus, bot ihnen Tee und Gebäck an und bat beide Männer an dem quadratischen Designercouchtisch mit einer dicken Glasplatte Platz zu nehmen.

„Haben Sie meinen Lebensgefährten gefunden?", fing Markus das Gespräch an.

„Nein, noch nicht", antwortete Brunner schnell, weil er fürchtete, dass sein Kollege zu viel erzählen könnte. „Wir möchten Genaueres wissen. Über die Umstände seines Verschwindens. Über ihn selbst. Über seine privaten und beruflichen Verhältnisse", fuhr er fort.

„Aha, na dann", entgegnete Markus. „Das wissen Sie ja schon, wir leben in einer eingetragenen Lebensgemeinschaft."

„Seit wann?", unterbrach ihn Brunner und notierte einige Stichpunkte in sein kleines Notizbuch. Markus erzählte über ihre Beziehung, über den Kauf des Hauses, die Pflege des Gartens und die Liebe seines Gefährten zu Gartenzwergen, die dieser sammelte.

„Vierhundertsechsundneunzig hat er genau. Er war so stolz, denn nun hatte er endlich, endlich ‚496' zusammen. Seine vollkommene Zahl", führte er aus und zog genüsslich an seiner langen Zigarettenspitze. Das setzte er gekonnt in Szene bevor er mit längeren Ausführungen über ihrer beider Alltag begann.

„Was macht Dr. Chi eigentlich beruflich?", wollte Brunner wissen.

„Der ist Statistiker an der Uni", antwortete Markus.

„Statistiker. In der Verwaltung?"

„Nein."

„Ist Dr. Chi Professor?"

„Nein. Das wäre er gerne geworden. Er ist Akademischer Rat und lehrt Statistik."

Brunner kannte nur den Kriminalrat, wunderte sich, dass es den an der Universität also auch gab, und schloss daraus, dass Chi Beamter war.

Dem jungen Kollegen wurde das zu langweilig, er empfand die Schilderungen als zu sehr ins Detail gehend und unterbrach:

„Hatte Ihr Lebensgefährte Feinde?"

Entsetzt blickte Markus auf und fragte: „Wieso ‚hatte'? Was ist los? Ist Herbert tot?"

Der junge Kommissar schaute ihn schuldbewusst an.

„Ich will wissen, was los ist!"

Brunner versuchte die Situation zu retten: „Nein. Wir haben Herrn Chi nicht gefunden. Aber wir haben eine Leiche gefunden, Herr Langbein. Wir wollen jeder Spur nachgehen. Und wir müssen Sie in der Tat bitten, uns einen Gegenstand Ihres Freundes mitzugeben, damit wir die DNA überprüfen können. Eine Haarbürste vielleicht?"

Markus nahm mit Daumen und Zeigefinger seine Bone-China-Tasse und spreizte die übrigen Finger mit einer gewissen Eleganz in die Luft. Er sah zum Fenster hinaus, atmete tief ein und schwieg.

„Hatte Dr. Chi denn Feinde?", wiederholte Brunner den jungen Kollegen, nachdem das Kind in den Brunnen gefallen war.

„Ja, viele", antwortete Markus, ohne nachzudenken.

„Viele?", wiederholte Brunner.

„Ja, mich zum Beispiel. Ich hasse ihn. Und wie!"

„Sie hassen ihn? Aber Sie leben doch zusammen? Ich verstehe das nicht", mischte sich der junge Kommissar ein.

„Ich habe ihn nie geliebt. Es hat mich allerdings schon immer allein der Gedanke angetörnt, von einem Spießer wie ihm im braunen Anzug von hinten geschubst zu werden. Wenn Sie verstehen, was ich meine", gab Markus zur Antwort. Er blickte gedankenverloren vor sich hin und zog lange und genüsslich an seiner braunen Zigarette ...

**

Immer am Mittwoch um 10 Uhr fand Dr. Chis Vorlesung statt und das seit genau 24 Jahren. Verändert hatte Dr. Chi weder den Veranstaltungsort, einen alten Hörsaal im Mathematikgebäude der Universität, der über keinerlei Ausstattung außer einer alten Tafel verfügte, noch die Uhrzeit, zu der die Veranstaltung stattfand. Ausstattung brauchte er nicht und die Zeit war gut so. Warum sie ändern?

Dr. Chi hatte chinesische Wurzeln — väterlicherseits, und obwohl die Vorfahren seines Vaters bereits vor fünf Generationen nach Deutschland eingewandert waren, sind seine Wurzeln unverkennbar geblieben. Herr Chi war nicht groß und hatte tiefschwarzes, stellenweise nachgefärbtes Haar, dessen natürlichen Glanz er mit einer Portion Pomade täglich hervorhob. Die Frisur saß den ganzen Tag, ohne auch nur einen Millimeter von ihrer Ursprungsposition abzuweichen.

***

„Herr Langbein, wie haben Sie sich denn kennengelernt?", fragte Brunner.

„Oh, das ist eine lange Geschichte, aber sie ist schnell erzählt", erwiderte dieser. „Ich war eine der armen Seelen, die Herbert Jahr für Jahr quälte. Und ich bin es genau genommen noch immer."

„Wie meinen Sie das?", fragte Brunner Markus.

Dieser erwiderte die Frage des Kommissars mit einer Gegenfrage: „Hatten Sie Statistik in Ihrer Ausbildung?"

„Nein", antwortete Brunner und gab die Frage sofort an seinen jungen Kollegen weiter. Dieser zuckte nur mit der Schulter.

„Ach nein, stimmt ja, Du hast ja keine Ahnung."

Markus blickte auf seine Hände, die Zigarette hatte er inzwischen zu Ende geraucht, und starrte auf den langen Nagel des kleinen Fingers seiner linken Hand, der schwarz lackiert war.

„Nun, was soll ich sagen", begann er seine Ausführungen …

***

Der Hörsaal war überfüllt. Feuerpolizeilich verboten. Er fasste offiziell 380 Personen, für die ein Sitzplatz und eine Schreibfläche - außer in der ersten Reihe - vorgesehen waren, aber es waren viele, signifikant zu viele Personen da. Sie saßen auf dem Fußboden an der Wand entlang, auf dem Fußboden zwischen der ersten Reihe und dem Podest, auf dem der Professor stand, ja auf der Kante des Podests, auf den Fensterbänken ...

Dr. Chi, der stets genau 15 Minuten vor Vorlesungsbeginn im Saal war, störte das nicht. Er stand ja auf dem Podest hinter seinem Rednerpult, an dem er sich krampfhaft festhielt, besonders, wenn er sich ereiferte. Und das war oft der Fall. Er beobachtete das Drängeln und Schieben und um genau Viertel nach 10 Uhr, da fing er an.

„Kommen Sie nur herein. Kein Problem, meine Damen und Herren. Betrachten Sie den Hörsaal ganz einfach als Hilberts Hörsaal. Denn das hier ist kein gewöhnlicher Hörsaal für eine begrenzte Anzahl von Personen, sondern er fasst eine zwar abzählbare, aber unendliche Menge von Menschen. Also kommen sie nur herein, für alle ist Platz genug da und die Menge wird trotzdem nicht größer. Wir fangen an", betonte er besonders laut und schrieb seinen Namen an die einst grüne Tafel, deren Belag inzwischen weiß erschien, weil sie viele Jahre auf dem Buckel hatte.

„Was erzählt der denn?", raunte eine Erstsemesterstudentin ihrem Nachbarn zu.

Chis Kollegen benutzten die Tafel längst nicht mehr, da sie mit Folien und Tablet arbeiteten. Und da der Hörsaal über keinen Beamer verfügte, war Dr. Chi der Einzige, der ihn noch nutzte.

Da meldete sich eine Studentin und fragte: „Das verstehe ich nicht. Wieso wird die Menge nicht größer, wenn viele herein-drängen? Es wird doch immer enger hier?"

Chi wandte sich ihr zu und gab zur Antwort. „Das ist nun aber wirklich das Wissen der 3. Klasse Klippschule. Eine unendli-che Menge ist eine unendliche Menge. Die bleibt unendlich, auch wenn Sie eins hinzufügen, die wird nicht größer. Aleph Null plus eins ist Aleph Null. Und Aleph Null plus unendlich bleibt auch Aleph Null."

„Null bitte was?", bohrte die Studentin weiter.

Da schrieb Chi das, was er gesagt hatte für die Erstsemester-studenten noch unverständlicher an die Tafel:

$$\sum_{i=1}^{\infty} \mathbb{N} = 1 + 2 + 3 + 4 + \cdots + n + \cdots = \aleph_0$$
$$\aleph_0 + n = \aleph_0$$
$$\aleph_0 + \infty = \aleph_0$$

„Sehen Sie nach und stellen Sie sich nicht dümmer als Sie sind", ereiferte sich der Dozent. Damit war das Thema für ihn erledigt.

Die Studentin schüttelte den Kopf. Was hat das alles bitte-schön mit diesem heillos überfüllten Hörsaal zu tun?

„Mein Name ist Dr. Chi meine Damen und Herren. Nicht Ki, nicht Schi, sondern Chi. Es gibt keine Kinesen, keine Schinesen, sondern Chinesen. Dass das klar ist", schloss Chi seine Vorstel-lung.

Die Studenten raunten, hüstelten und schubsten sich gegenseitig, weil es ihnen in dem völlig überfüllten Saal zu eng wurde.

„Ach, und dann noch Eines. Wenn ich vortrage, ist es hier leise. Ich möchte eine Maus über den Boden krabbeln hören, wenn es denn eine gibt."

„Iiiii", giggelten die jungen Mädchen, die auf dem Boden vor Chi saßen.

„Statistik. Wir fangen an", wiederholte Chi in die Runde, drehte sich um und schrieb die Dichtefunktion der zweidimensionalen Normalverteilung an die Tafel, genüsslich und ganz langsam:

$$
f(x,y) = \frac{1}{2\pi\sigma_1\sigma_2\sqrt{1-\varrho^2}}
$$
$$
\times exp\left\{-\frac{1}{2(1-\varrho^2)}\left[\left(\frac{x-\mu_1}{\sigma_1}\right)^2 -2\varrho\left(\frac{x-\mu_1}{\sigma_1}\right)\left(\frac{y-\mu_2}{\sigma_2}\right)+\left(\frac{y-\mu_2}{\sigma_2}\right)^2\right]\right\}
$$

„Wem sich diese wunderschöne, hocherotische Gleichung jetzt nicht von selbst erschließt, der hat in diesem Kurs nichts zu suchen. Der kann gleich wieder gehen. Denn dann begreifen Sie auch den Rest der Lehrveranstaltung nicht ... Ja, Sie haben richtig verstanden, Sie können gehen!"

Einige der Erstsemester ließen sich einschüchtern, packten ihre Taschen und zwängten sich zur Tür. Diese Zahlen, Formeln und Notationen hatten sie nie gesehen, Mathe war nicht ihr Ding und sie sahen nicht ein, warum sie sich das antun sollten. Ein junges Mädchen fragte ihren Freund, der neben ihr saß, etwas verunsichert:

„Hat dieses π in der Gleichung mit dem π bei den Ägyptern und mit dem, in den Pyramiden, etwas zu tun?"

„Nein, Trienchen, das ist etwas ganz anderes", gab sich der ziemlich allwissend und überlegen.

„Und das ϱ da drin in der Gleichung? Das ist doch keine Zahl und keine Variable?"

„Ach Trienchen, das weiß ich jetzt auch nicht", gab der junge Mann unumwunden zu.

Als es wieder leiser wurde, erwähnte Chi kurz sein Programm.

„Meine Damen und Herren, wir werden zunächst mit der deskriptiven und explorativen Statis ...", da stoppte er plötzlich und starrte entnervt eine Studentin an, die vor ihm in der Mitte saß und gerade im Begriff war, gedankenverloren in ein Stück Pizza von "Ditsch" zu beißen, den Kaffee XXL vor sich.

„Sie da, ja Sie da im roten Pullover verlassen jetzt sofort meine Lehrveranstaltung. Wenn Sie essen wollen, dann essen Sie, wenn Sie Statistik hören wollen, dann hören Sie Statistik, aber nicht beides gleichzeitig!"

Das Mädchen lief rot an und packte panisch die Marschverpflegung weg.

„Nein, nicht wegpacken. Das stinkt bis hierher, Sie gehen jetzt, und zwar sofort. Sonst mache ich hier nicht weiter!"

Es blieb ihr nichts anderes übrig als zu gehen. Alle neben ihr Sitzenden mussten ihre Unterlagen zusammenpacken, den Tisch hochklappen, aufstehen und die junge Frau durchlassen, auf die in etwa 500 Augenpaare und die von Dr. Chi blickten. Diesen sah sie hasserfüllt und mit Tränen in den Augen an, als sie an ihm vorbeiging.

Die Wiederholer kannten das schon. Sie nannten das nur „same procedure as every year" und grinsten. Sie saßen links oben und amüsierten sich.

„Pass bloß auf, gleich kommt's", raunte Hannes seinem Nachbarn zu, der die Klausur schon zweimal nicht bestanden hatte.

„Ach ja, bevor ich es vergesse. Ich rate Ihnen, in die Lehrveranstaltung zu kommen. Tun Sie das nicht, schaffen Sie die Klausur nicht. Das letzte Mal sind 89 Prozent durchgefallen!"

Es wurde laut im Saal. „Warum so viele?", wagte einer zu fragen.

„Weil die Studenten von heute nicht mehr in der Lage sind zu denken, und schon gar nicht abstrakt! Für die ist die Zahl 5 doch immer nur 5 Äpfel, 5 Euro oder 5 Brötchen. In diese Niederungen begebe ich mich nicht. Eine Zahl steht für sich. Eine Zahl ist eine Zahl ist eine Zahl. Wer das nicht begreift, kann ..."

„... gleich wieder gehen", ergänzte ihn einer der Wiederholer lautstark durch den ganzen Saal.

***

„Diese Vorlesung war unerträglich", schilderte Markus langatmig ihre erste Begegnung. Er verlor sich in Details und inhalierte inzwischen seine dritte Zigarette ausgiebig.

„Also, Sie saßen auch in dieser Lehrveranstaltung?", fragte der junge Kommissar.

„Oh ja. Und es war schrecklich. Eigentlich sollte ich den Betrieb meines Vaters übernehmen. Doch der bestand darauf, dass ich Betriebswirtschaftslehre studiere. Ich, ausgerechnet ich, wo ich die Schule so gehasst habe. Aber nun denn, ich wollte den Betrieb ja übernehmen. Also habe ich mich in BWL eingeschrieben. Und dann diese Vorlesung! Also nein … Dr. Chi hatte immer seinen braunen Anzug an, darunter ein gelbliches Hemd und eine rotbraun karierte Krawatte. Jedes Mal. Und der Unterricht war fürchterlich. Wir verstanden kein Wort."

Der junge Kommissar wurde unruhig, noch wussten sie nicht, wie sich die beiden kennengelernt hatten und sie waren keinen Schritt weiter.

„Ich bin dreimal durch die Klausur gefallen. Ich konnte das einfach nicht. Und ich war nah dran, exmatrikuliert zu werden. Mein Vater hat getobt. Der hatte dafür kein Verständnis. Also habe ich mich überwunden und bin zu dem Arsch – entschuldigen Sie bitte, aber der war einer – in die Sprechstunde gegangen. Und da hat sich Chi aufgespult über so viel Blödheit, dass man diese Klausur nicht bestand. Dann kam die Blödheit der gesamten Studenten dran … und dann habe ich meine Zigarette rausgeholt, die angesteckt und ihm ins Gesicht geblasen und gesagt: ‚Du törnst mich an!' Nun denn, er hat eine Ausnahme gestattet und mich zur mündlichen Prüfung zugelassen."

Wieder zog Markus lange an seiner Zigarette.

„Jawohl mündlich. Die eine mündliche Prüfung habe ich bestanden und bin bei ihm eingezogen, die andere mündliche Prüfung habe ich nicht bestanden und wurde exmatrikuliert. Mein Vater hat daraufhin mit mir gebrochen."

„Weil Sie schwul sind?", fragte Brunner nach.

„Nein, mein Vater hatte auch mal zeitweilig einen Freund. Da war ich schon auf der Welt, wie er mir gestand. Nein, deswegen nicht, sondern wegen der Statistik und weil ich mich ohne Ausbildung abhängig machte. Er sah es nicht gerne, dass ich von meinem Freund ausgehalten wurde."

Und er schob nach: „Jetzt wissen Sie, warum er viele Feinde hatte. All die beleidigten Studenten, die er zutiefst verletzt hatte, all die Wiederholer, all die Wiederholer-Wiederholer, usw. Und immer diese beleidigenden Anwendungsbeispiele. Der erklärt Mengen, Teilmengen dieser Mengen und wieder Teilmengen davon. Da hat er nichts Besseres zu tun als zu sagen, die eine Menge sind alle Teilnehmer meiner Lehrveranstaltung. Diejenigen, die die Klausur schaffen, sind eine Teilmenge davon, 11 Prozent wohlgemerkt! Die, die durchfallen, sind die andere Teilmenge. Die Wiederholer-Teilmenge der Durchfaller ist schon ziemlich dämlich. Die Wiederholer-Wiederholer sind wiederum eine Teilmenge der Dämlichen und besonders blöd, mit einem IQ unterm Waschlappen. Und dann zeichnete Herbert das immer an die Tafel, für alle sichtbar."

Da nahm Markus ein Stück vor ihm liegendes Papier und einen Bleistift und zeichnete auf, was er zu erklären versuchte:

$$\text{Die Menge der Studenten} = \left\{0,0,0,\left\{0,0,\left\{0,\left\{0,0,0,0,0,0,0 \ldots\right\}\right\}\right\}\right\}$$

„Das sah so in etwa aus", führte Markus sichtlich erregt vor. „Der Herbert hat sich darin gebadet, das zu erklären. Die Menge aller Nullen unter Ihnen ist eine Teilmenge der Nullen unter Ihnen und das wiederum ist eine Teilmenge der Nullen unter Ihnen. Glauben Sie mir, das sind viele. Statistisch bedeutsam viele. Nullen gegen unendlich. Und das sind viel zu viele", ahmte Markus seinen Freund nach.

Brunner nickte und drängte zum Aufbruch.

„Wir benötigen noch die Haarbürste und danken Ihnen für Ihre Zeit, Herr Langbein. Wir melden uns wieder bei Ihnen, sobald wir etwas mehr wissen."

Sie stiegen in ihr Auto, das sie vor dem Haus geparkt hatten, und fuhren weiter.

„Eine solche Vorlesung ist doch eine Qual", fing Brunner an das Gehörte zu kommentieren.

„Ja. Das stimmt. Bei mir war das ähnlich. Bin auch zweimal durch Statistik gefallen", outete sich der junge Kommissar.

Brunner musste lachen, verkniff sich ein „das dachte ich mir" und bemerkte nur süffisant: „Und dann hattest Du auch mündliche Prüfung?"

„Hahaha", war der eingeschnappte Kommentar des jungen Kommissars.

Taucher suchten inzwischen den Grunewaldsee ab, weil noch immer Teile des Herrn Chi fehlten. So viel war ziemlich sicher, es handelte sich um Dr. Chi Quadrat. Der gerichtsmedizinische Nachweis musste noch erbracht werden. Warum hieß der eigentlich Dr. Chi Quadrat?

Der Praktikant und der junge Kommissar hatten sich an der Universität umgesehen und dieses Geheimnis schnell gelüftet.

Eine junge Studentin, die gerade aus dem Statistiktutorium kam und einen Kakao trank, gab ihnen bereitwillig Auskunft.

„Der Chi Quadrat? Ach der. Der betritt den Hörsaal, stellt sich hin und fängt an zu labern. Jedes Mal erklärt der einem ‚Ich heiße Chi, ich heiße nicht Ki, ich heiße nicht Schi, sondern Chi'", äffte sie den Statistiker nach. „Jedes Mal. Wir warten schon immer darauf ‚Der Koeffizient χ^2 heißt auch nicht Ki Quadrat oder Schi Quadrat, der heißt Chi Quadrat, dass das klar ist.' Der ist so blöd. Kein Wunder, das wir den nur noch Chi Quadrat nennen. Oder?"

Jetzt war beiden klar, was die Frage sollte, die sich in der Botschaft auf dem zweiten Müllsack befand:

„Oder nicht, Dr. χ^2?"

Bald war auch der Nachweis erbracht, dass die Spuren auf der Haarbürste mit der Genetik der gefundenen Leichenteile übereinstimmten, weshalb sich Brunner und der junge Kommissar erneut auf den Weg machen mussten, um Markus Langbein aufzusuchen.

„Herr Langbein, heute sind wir gekommen, um Ihnen die traurige Nachricht zu überbringen, dass es sich beim aufgefundenen Leichnam um die sterblichen Überreste von Dr. Chi handelt."

Markus bat die beiden abermals in sein Haus, und als sie saßen, fragte er nach:

„Wo haben Sie ihn gefunden? Was ist passiert? Ein Unfall?"

Er steckte sich eine seiner braunen Zigaretten in die Spitze und zündete sie an. Nachdem der junge Kommissar artig geantwortet hatte, übernahm der alte Kommissar das Wort und sagte:

„Nehmen Sie es uns nicht übel, Herr Langbein, aber wir müssen das fragen. Jeder Anhaltspunkt ist für uns wichtig. Warum haben Sie eigentlich Ihren Lebensgefährten so gehasst?"

„Ach, Sie verdächtigen mich? Nein, nicht wirklich? Ich habe ihn gehasst, aber umbringen? Warum sollte ich? Wie heißt es so schön? Man beißt nicht die Hand, die einen nährt!"

„Also warum, Herr Langbein?"

Der zog an seiner Zigarette, rührte in seinem Tee und überlegte …

„Wissen Sie Herr Kommissar, wie würden Sie reagieren, wenn Ihre Frau oder Ihr Mann, je nachdem, jeden Tag, jahraus, jahrein, Buch darüber führt, was du trinkst, was du isst, was du kaufst …?"

„War Chi geizig?", fragte der junge Kommissar.

„Nein, das war er nicht. Überhaupt nicht. Ihm ging es um etwas ganz anderes."

„Um was ging es denn?"

***

„Markus komm bitte mal her!", rief es aus der Küche. Markus nahm seine Tasse Tee in die Hand und schlürfte langsam zu

Herbert. Ihm war klar, was kommen würde. Herbert stand da mit seinem Notebook und blickte einmal in dieses und einmal zu Markus: „Du hast in diesem Jahr im Schnitt täglich 1,3 Eier gegessen. Mit einer Standardabweichung von 0,43. Das geht so nicht. Es gab Tage, da hast du 2 oder 3 Eier verdrückt. Im Urlaub hatte ich die Hand darauf. Markus das ist ungesund, so geht das nicht weiter. Im letzten Jahr, da war das besser, da war der Variationskoeffizient ...“

„Herbert, du gehst mir derartig auf den Sack. Zähl doch Deine eigenen Eier. Du wiegst das Fleisch aus, Du zählst die Wurstscheiben, du wiegst den Käse, gibst die Daten ins Excel ein und berechnest das im Anschluss mit dem SPSS. Du bist doch nicht richtig im Kopf, Herbert. Lass mich ein für alle Mal damit in Ruhe.“

***

„Das Schlimme war“, führte Markus weiter aus, „Herbert verglich mich dann immer mit dem Durchschnitt von irgendwelchen Leuten, die mich nicht interessierten, ja die ich nicht einmal kannte. Natürlich schloss ich dabei immer schlecht ab und wurde dann ermahnt, mich zu mäßigen. Einmal bin ich ausgerastet.“

Markus war sichtlich erregt, er gestikulierte wild mit Armen und Händen und vergaß dabei ganz die beiden Kommissare.

***

„Lass mich endlich in Ruhe mit Deiner Korinthenkackerei. Ich bin gesund genähert. Ich esse nicht zu viel, ich trinke nicht zu viel. Ich habe einen Body-Mass-Index von 25,3. Das ist unter dem Durchschnitt. Was willst Du eigentlich?“

***

Und an die Kommissare gerichtet fragte Markus:

„Wissen Sie, was der geantwortet hat? Nein?"

***

„Body-Mass-Index, was ist das denn für ein unsinniges statistisches Maß? Man teilt das Körpergewicht durch die Körpergröße zum Quadrat. Das muss man sich mal vorstellen. Einen Menschen als Fläche! Das geht natürlich, wenn man einem die Haut abzieht – das ist eine Fläche."

***

„Manchmal war der Herbert ganz schön ‚strange'. Auf diese Idee muss man erst mal kommen, Haut abziehen! Jedenfalls sagte er damals …", führte Markus ziemlich aufgewühlt weiter aus, „‚… ein Mensch ist keine Fläche. Ein Mensch ist ein Fass und hat ein Volumen, wenn Du so willst. Also bitte kubiere die Körpergröße. Also tu mir den Gefallen und setze die Körpergröße hoch 3 in den Nenner!'
Da habe ich resigniert. Da habe ich dann nichts mehr gesagt. Wie soll man mit einem solchen Menschen vernünftig reden?
Können Sie sich vorstellen, dass der alles und jedes berechnet hat? Da erzählt der mir doch, dass der Durchschnittsdeutsche einen deutschen Durchschnittshaufen produziert, der im Schnitt zwischen 125 und 150 Gramm wiegt, mit einer Standardabweichung von 53 Gramm. Und dass ein 65-jähriger Mensch im Durchschnitt im Laufe seines Lebens ca. 3000 bis 3100 Kilogramm hinterlässt! Der Herbert hat sogar behauptet, dass das Gewicht des Haufens auch noch normalverteilt sei. Der hat sie doch nicht mehr alle? Oder?", schimpfte Markus weiter.

„Und dann", fuhr er aufgeregt fort, „verging kein Tag, an dem er nicht irgendwelche Wahrscheinlichkeiten ausrechnete. Zum Beispiel, ob man ein Parkknöllchen an einer bestimmten Stelle bekam oder ..."

„Wie geht das denn?", interessierte sich Brunner.

„Der Herbert hat einfach nach monatelangen Beobachtungen den Erwartungswert der Kosten für die Strafmandate errechnet. 25 Euro war der monatlich. Also zahlte er nie Parkgebühren. Überschritt der empirische Wert allerdings den Erwartungswert, wie er zu sagen pflegte, dann fuhr er einfach nicht mehr mit dem Auto. Und wir mussten den Rest des Monats mit dem Fahrrad fahren, ob es regnete, heiß war oder schneite. Wie habe ich das gehasst!"

„Also war er doch ein Geizkragen?", interessierte sich der junge Kommissar.

„Nein, noch mal, das war er nicht. Er lebte in einer anderen Welt. Auf jeden Fall in einer Welt, die nicht meine ist ... war."

Und er fuhr fort:

„Herbert wurde auch zunehmend peinlich. Ging man mit ihm einkaufen und fand einen Artikel, den er lange suchte, so führte er der verdutzten Verkäuferin aus: ‚Welch seltenes Ereignis, werte Frau. Die Intensitätsrate ist klein, sehr klein, was das Auffinden dieses Artikels anbetrifft. Berechnen wir nun die Wahrscheinlichkeit mithilfe der Poisson-Verteilung, so ...'
Herbert war einfach nur peinlich, witzig war das nicht. Wie auch? Der Herbert war völlig humorlos. Der meinte das alles auch noch ernst! Jawohl, todernst!", schloss Markus seine Ausführungen.

Der Polizeipraktikant wurde noch einmal zur Universität geschickt, denn er sollte herausfinden, wie die Stimmung unter den Studenten war, vor allem unter den Wiederholern. Da fühlte der sich wohl, schwatzte mit den jungen Mädchen, setzte sich in die Mensa, genoss den frischen Salat und fragte sich durch.

„Die Wahrscheinlichkeit ist hoch, dass ich hier einen von Dr. Chis Studenten treffe", überlegte er.

Und in der Tat, er traf auf auskunftswillige Studenten, die mit ihm Kaffee tranken. Er outete sich nicht als angehender Kommissar, sondern ging als Student durch.

„Der Chi ist total unbeliebt. Keine Folien, kein Foliensatz im Netz, kein Buch. Nur seine Vorlesungen, die keiner versteht … Und Frauen, Frauen, die mag der auch nicht", ereiferte sich eine Studentin.

„Warum nicht?"

„Das weiß ich nicht", erwiderte sie, „aber in jeder Vorlesung hackt er auf uns herum:

‚Frauen können nicht logisch denken. Die haben in der Statistik nichts zu suchen. Ihre Klausurergebnisse sind hochsignifikant schlechter als die ihrer männlichen Kommilitonen. Das habe ich getestet und statistisch bewiesen.'

Und so weiter. Immer dieser beleidigende Ton. Deshalb hat sich auch die Frauenbeauftragte mit ihm angelegt. Das kratzt den genauso wenig wie sein Ärger mit dem Lehrstuhlinhaber, dem Dekan und dem Universitätspräsidenten."

„Wieso? Was gab es da für einen Ärger?"

„Na wegen der Durchfallquoten! Der hat doch 80 oder sogar 90 % durchfallen lassen", keifte sie weiter.

Die anderen beteiligten sich auch aufgeregt an diesem Gespräch und sie bestätigten ihre Kollegin durch heftiges Kopfnicken. Einer der Studenten warf ein:

„Was sagt der doch immer?"

Und er begann Dr. Chi nachzuahmen:

„Meine Damen und Herren. In dieser Veranstaltung fallen 89 % durch. Das ist ein großer Anteilswert. Sind Sie schon mal durchgefallen, erhöht sich die Wahrscheinlichkeit, dass Sie wieder durchfallen. Und dann wird das Ganze zum sicheren Ereignis, wenn Sie zum zweiten Mal durchgefallen sind, dass Sie wieder durchfallen."

„Die Durchfallquoten sind für ihn ein beliebtes ‚Anwendungsbeispiel', wie er zu sagen pflegt", räumte ein weiterer Student ein. „Damit erklärt er fast alles: bedingte Häufigkeiten, die Bayessche Statistik ..."

„Ist ja gut Kevin, wir wissen alle, dass Du das kannst", unterbrach ihn ein Anderer, der bislang geschwiegen hatte.

„Diese Anwendungsbeispiele sind Scheiße. Damit macht er uns nur Angst", mischte sich ein Mädchen ein, das eher zurückhaltend war.
Der Praktikant fuhr fort und dachte über die wohl abzählbare, aber unendliche Größe der unbekannten Grundgesamtheit aller Feinde von Dr. Chi nach. Viel Arbeit stand wohl bevor. Ob man das Problem der Täterüberführung wohl auch mit einer Stichprobe aus ‚N' lösen könnte?

Das dritte blaue Müllpaket wurde gefunden, und zwar in der Mitte des Sees versenkt. Der Täter machte sich jedoch nicht mehr die Mühe, es zu beschriften. Aber die Anzahl der berechneten, verbleibenden Leichenteile stimmte. Es waren genau sechs Stück, bestätigte die Gerichtsmedizin.

* * *

Eines Mittwochmorgens ging Dr. Chi wie immer zu seiner Vorlesung. Die Studenten waren nervös, die Klausur stand einige Wochen bevor und Chi hatte noch viel Stoff zu bewältigen. Fühlte er sich gehetzt, so wurde er umso abstrakter und unerbittlicher gegenüber jeder Störung. Schlecht gelaunt beleidigte er wieder die Frauen, schickte den einen oder anderen nach Hause und steigerte sich hinein, als einer seinen χ^2-Koeffizienten mit Ki Quadrat bezeichnete:

„Dieser Koeffizient heißt Chi Quadrat, nicht Ki Quadrat oder Schi Quadrat. Es gibt keine Kinesen, keine Schinesen, sondern Chinesen. Und ich heiße übrigens Dr. Chi."

Am Ende der Lehrveranstaltung machte sich Dr. Chi auf den Weg zu seinem Fahrrad. Der Knöllchenerwartungswert von 25 Euro war überschritten. Da packten ihn plötzlich von hinten mehrere Menschen und stülpten ihm einen Sack über. Bevor er reagieren konnte, fand er sich wieder auf der Rückbank eines Personenwagens. Einer der Grobiane setzte sich auf seinen Kopf, ein anderer auf die Beine. Einer fuhr den Wagen und einer saß daneben. Chi konnte sich kaum bewegen und er hatte schreckliche Angst. Sie fuhren eine ganze Weile nicht zu schnell, denn man wollte nicht auffallen. Etwas außerhalb der Innenstadt rissen sie die Fenster auf, der Fahrer gab Gas und einer spielte Bob Marley ab: „Exodus. Movement of Jah People …"

Die Gruppe grölte lautstark mit: „Exodus, all right!"

Der unverkennbare süßliche Geruch von Gras verbreitete sich und drang bis zu Chi, durch das Gewebe des Sackes, in dem er steckte, hindurch: „Movement of Jah people!"

Sie fuhren erst lange durch Berlin und dann lange durch das angrenzende Land Brandenburg. Sie grölten immer wieder von vorne: „Exodus: Movement of Jah people!"

Sie bekifften sich fast bis zur Besinnungslosigkeit, während Dr. Chi mit dem Tode rang: „Exodus!"

Er hatte einen Herzinfarkt erlitten ... „Movement of Jah people!"

Die Woche darauf, am Mittwoch um 10 Uhr, erschien der Lehrstuhlinhaber mit einem anderen Herrn in der Vorlesung.

„Ich bitte Sie um Aufmerksamkeit. Ich muss Ihnen heute leider eine traurige Mitteilung machen. Dr. Chi ist letzte Woche völlig unerwartet von uns gegangen. Wir betrauern einen hochkompetenten, einen wunderbaren Mann ..."

„Der redet ja wie ein Pfarrer", ereiferte sich eine Studentin.

„Der soll nicht so heucheln, der mochte den doch auch nicht", ergänzte sie ein Kommilitone.
Die Studenten wussten allesamt längst Bescheid und manch einer grinste schadenfroh vor sich hin. Die Botschaft von den N=65 Leichenteilen und der Stichprobe von n=28 hatte sich längst über einschlägige Studentenportale wie ein Lauffeuer verbreitet.

Der Lehrstuhlinhaber fuhr fort:

„Deshalb möchte ich Ihnen heute meinen geschätzten und hochkompetenten Kollegen Dr. Kräutlein vorstellen. Er wird diese Lehrveranstaltung fortführen." Dann erteilte der Professor dem Kollegen das Wort und verließ den Raum.

Kräutlein stellte sich vor und machte gleich klar:

„Mein Name Kräutlein ist zwar ein Deminutiv von Kraut, aber irren Sie sich nicht. Bilden Sie sich nicht ein, meine Damen und Herren, dass es jetzt einfacher wird. In der Klausur verlange ich alles, was Dr. Chi besprochen hatte. Und ich werde keine stofflichen Einschränkungen, wie Dr. Chi das tat, vornehmen ..."

Markus saß oben in der linken Ecke bei den Wiederholern und blickte seinen Nachbarn an, dessen Hand auf seinem Knie ruhte. Er schrieb eine kurze Botschaft auf einen kleinen Zettel. Der Nachbar las sie und grinste. Darauf stand:

„Exodus. Movement of Jah People!"

Ulrike C. Nikutta-Wasmuht

Mein Werdegang ist geprägt durch unterschiedliche Tätigkeiten in Forschung, Lehre und Politischer Bildung, aber auch Literatur. Ich wurde in Bamberg geboren, habe in Regensburg und Colorado (USA) Pädagogik, Soziologie, und Politikwissenschaften studiert, in Hamburg promoviert und in Berlin habilitiert. Der "rote Faden" meiner Forschungsinteressen ist immer die Suche nach den Ursachen von Gewalt: in der Internationalen Politik, innerhalb von Staaten, in Gesellschaften, Gruppen und bei Individuen. Ein weiterer Schwerpunkt ist die Lehre, qualitativer und quantitativer Forschungsmethoden, insbesondere die Statistik. Vieles davon spiegelt sich auch in meinem literarischen Werk wieder. Ich hoffe es gefällt.

Rosl Reddy

MATJES VERSUS CURRYWURST

Es ist 1980, Freitagnachmittag - die Woche ist zu Ende, schnell ins Hotel, kleiner Koffer fürs Wochenende gepackt und mit dem Taxi zum Flughafen Tempelhof. Die Familie wartet schon. Für die Ausbildung zur Pharmareferentin hatte sie sich qualifiziert. Nach dreimonatiger Schulung würde ein Vertrag zustande kommen, wenn beide Parteien sich noch gut gesonnen waren. Eine Woche der Ausbildung ist überstanden, nun zurück nach Hamburg, wo sich das Wochenende mit Waschen, Bügeln, Vorkochen für die nächste Woche gestalten wird. Sie hat alles optimal organisiert, die großen Jungs können sich selbst helfen, solange genügend Essbares im Kühlschrank ist, die kleine Tochter bleibt gern bei Oma, wo das Fernsehen unbegrenzt konsumiert wird. Ihr Mann arrangiert sich mit den eingefrorenen vorgekochten Mahlzeiten. Er ist anspruchslos, um nicht zu sagen ganz froh, dass er seine Ruhe hat. Und eine Woche ist keine wirkliche Belastung für eine Beziehung, wenn das Wochenende wieder familienorientiert verbracht wird.

Sie wollte unbedingt diese Herausforderung annehmen. Nach der Schulung würde sie im Außendienst in Hamburg und Umgebung tätig sein. Die letzten Jahre waren zufriedenstellend verlaufen, was sie unzufrieden machte. Die Familie war mit der Veränderung einverstanden, also hinein ins Abenteuer.

Berlin ist an sich schon eine Herausforderung. Wenn sie dachte, als Hamburgerin aus einer Weltstadt zu kommen, verlässt sie dieses Gefühl spätestens am Alexanderplatz und den vierspurigen Straßen drumherum. Sie zieht es vor, mit der U-Bahn zu fahren, da kann sie ungeniert die skurrilen Typen bestaunen: Solche, die bis zum Scheitel tätowiert sind; Andere, die mit ihren Piercings nur so scheppern; Frauen, die in ihren Burkas scheinbar jede Individualität aufgeben; arabische Männer mit Bärten und wunderschön geschnittenen Gesichtern wie aus 1001 Nacht. Das ist ein ziemlich anderes Bild als in der U-Bahn in

Hamburg, einer Stadt in der Trenchcoat und Zeitung das Straßenbild beherrschen. Natürlich gibt es auch dort alternative Jugendliche und Menschen, die das Schicksal hierhergetrieben hat und die ihr früheres Leben in einer ganz anderen Welt verbracht haben. Es sind die achtziger Jahre, und die Türken, die Deutschland vor zwanzig Jahren ins Land geholt hatte für die Arbeiten, die den Deutschen nicht schmeckten, sind inzwischen angekommen - wenn auch gettomäßig in Stadtteilen wie Wilhelmsburg untergebracht. Das hanseatische Straßenbild überwiegt aber.

Sie kann den Stolz auf ihre Heimatstadt nicht verleugnen. Welche Stadt hat einen Hafen, der Tag und Nacht seine stampfenden Geräusche ausstößt, und jedes Schiff seine Ankunft mit einer Sirene antutet, oder durch die Nationalhymne seine Herkunft verrät.

Morgens und abends bewegt sich ein Schwarm von Menschen auf die andere Seite der Elbe zur Werft Blohm & Voss, entweder mithilfe kleiner Barkassen, die wie fleißige Ameisen hin- und herschaukeln, oder durch den Elbtunnel, zu Fuß oder per Auto. Und wer hat einen so großen See wie die Alster direkt neben den Haupteinkaufsstraßen wie dem Jungfernstieg oder dem Neuen Wall?

Beim ersten Sonnenschein sind die Segler auf dem Wasser, und die Jogger laufen verbissen um die Alster herum, mit ihren sechs Kilometern Länge eine ideale Laufstrecke. Die Hundehalter treffen sich mit ihren Vierbeinern auf der Hundewiese an der Dampfer-Anlegestelle Fährdamm, um sich über ihre Rassen auszutauschen, was diese nicht daran hindert, ohne Rücksicht auf ihren Stammbaum mit jedem zu toben, der gerade gut riecht.
Von der Alster die Milchstraße hinauf Richtung Rotherbaum, um einen Cappuccino zu trinken, ist ein Genuss der besonderen

Klasse. Nach längerer Abwesenheit fährt sie immer erst einmal mit der U-Bahn vom Jungfernstieg zu den Landungsbrücken, wo diese seit Jahrzehnten zwischen Baumwall und Rödingsmarkt oben fahrend in der großen Schleife ein qualvolles Quietschen hervorbringt, das zu ihren liebsten Geräuschen gehört, die sie mit Hamburg verbindet.

Ausgeruht und gestärkt fliegt sie am Sonntagabend wieder zurück nach Berlin. Ihre Kollegen kommen aus allen Regionen des Landes und man freut sich offensichtlich auf das Wiedersehen. Koffer abstellen und erst mal an die Bar des Hotels - Wochenendkatastrophen mit Mann oder Kindern austauschen oder gleich im Bier oder Wein ertränken. Auf dem Hochhaus mit dem Mercedes-Stern, am Zoo, gibt es zu der Zeit eine Disco – ein atemberaubender Blick über die Stadt – und dann ein Zug durch die Gemeinde mit Berlins urigen Kneipen; einen "Absacker" noch eben beim Holländer am Savignyplatz, wo die Schmalzstullen nie so gut schmecken, wie morgens um zwei Uhr, und ab in die Koje, morgen ist wieder Schulung angesagt. Dazu werden alle mit einem Kleinbus in die Firma gefahren und abends zurück ins Hotel. Berlin kennen sie eigentlich nur bei Nacht. Es bilden sich Pärchen, die verschwinden für eine Weile, um sich dann aber wieder in der Gruppe einzufinden, spätestens morgens zur Abfahrt. Ein höchst liederlicher Montag-bis-Freitag-Lebenswandel mit Alkohol und undurchschaubaren Verbindungen macht den Stress erträglich.

Das Fachwissen Pharmazie ist ein zu bewältigendes Problem, die psychologischen Spielchen sind eine unerfreuliche Nebenerscheinung. Eine Stresssituation muss in der Gruppe ausgetragen werden, während die Seminarleiter am Rande stehen, die Teilnehmer beobachten und sich Notizen machen. Sie bestimmen, wer sich unter Stress behaupten kann und wer auf der Strecke bleibt.

Als eine „fremde" Person an der Bar im Hotel auftaucht, wird diese unter gezieltem Einsatz von Alkohol entlarvt, um ihr die Aktion des nächsten Tages zu entlocken: Das Schwimmbad fungiert als Boot mit zwölf Plätzen. Da die Gruppe aus dreizehn Personen besteht, gilt es, seinen Platz gegenüber den Anderen zu erkämpfen. Manfred – ein Urgestein aus Bayern – verkündet völlig gelangweilt, dass er bereitwillig ins Wasser springen wird, um dem Dreizehnten seinen Platz zu überlassen. Dieser psychologische Test bleibt ihnen also erspart, aber es werden immer wieder Neue gefunden - leider.

Sie hat sich in einen Kollegen aus Hessen ein ganz klein wenig verliebt, es ist so unbeschwert; jeder weiß um seine Familie zu Hause, die ist unantastbar. Hier ist ein Ausnahmezustand, der so manches erlaubt. Hat sie nun mit ihm geschlafen? Eine alkoholisierte Decke legt sich schützend über die Erinnerung.

Freitagnachmittag wiederholt sich die Geschichte: Ins Hotel, duschen, das Berliner Luderleben abspülen, umziehen und Taxi rufen. Die angetakteten psychologischen Gespräche werden, wenn überhaupt, nur einmal zu Hause weitergeführt, da es unweigerlich zu Dissonanzen führt. Das Leben zu Hause scheint so kompliziert zu sein. Die regionalen Unterschiede zwischen Hessen, Rheinländern, Hamburgern und Berlinern mit den entsprechenden Dialekten entwickeln urkomische Situationen, es wird viel gelacht. Die wenigen Kontakte mit Menschen außerhalb der Firma sind geprägt von der sogenannten Berliner Schnauze, kräftig, ungefiltert und ehrlich, eine erfrischende neue Erfahrung mit Kommunikation, die von den „Zugereisten" gern übernommen wird. Der Versuch, diesen Tenor im konservativen Hamburg einfließen zu lassen, stößt nicht unbedingt auf Zustimmung.

Eines Nachmittags bekommt die Gruppe frei, um sich am Checkpoint Charlie die „Mauersituation" vor Ort anzusehen. Es ist bedrückend. Einige gehen rüber in den Osten; hierfür muss ein bestimmter Mindestbeitrag in Ostmark der DDR zwangsumgetauscht werden zu einem überteuerten Kurs – dennoch gibt es kaum Möglichkeiten, so viel Geld in der DDR auszugeben. Das „Feindbild" Vopo, Kommunismus, verstärkt durch die Präsenz bewaffneter Soldaten hat sie noch im Griff und sie bleibt lieber im sicheren Westen. Beim gruppenaktiven nächtlichen Umtrunk in der Charlottenburger Kneipenlandschaft ist die Bande wieder vereint.

Junge Männer kommen in dieser Zeit nach Berlin, um der Rekrutierung durch die Bundeswehr zu entfliehen. Große Firmen veranstalten ihre Seminare in Westberlin, um dieser Stadt trotz isolierter Lage Impulse zu vermitteln und für alle Fälle „einen Koffer dort zu behalten". Man hört viele unglaubliche Lebensgeschichten, was unmittelbare Nähe zu völlig Fremden aufkommen lässt.

Das Taxigewerbe scheint in türkischer Hand - gemütliche Gestalten mit Bart, die entweder pausenlos schimpfen oder den Fahrgast neugierig befragen nach seiner Herkunft und was er hier will. Es passiert, dass eine Dozentin während des Unterrichts spontan davon berichtet, wie ihre Familie durch den Mauerbau zerrissen wurde. Im eigenen geordneten Leben öffnen sich Fenster, die einen neuen Blick fordern. Das chaotische Berlin mit seinen vier Sektoren hat sicher mehr Probleme als Hamburg. Gerade das bringt aber eine ganz eigene Art Spannung und Energie hervor, gepaart mit einer Lebenswürze, die sie auf der Zunge spürt. Hamburg, die seute Deern, nett und adrett, und Berlin das Straßenkind, das überall herumstrolcht. Hamburg konservativ gepflegt - in Berlin brodelt das Leben. Sie muss sich eingestehen, dass sie sich bereits am Freitag auf den Sonntagabend freut. Das ist verwirrend und ruft nach einem Glas Sekt gleich im Flugzeug der Pan Am, der subventionierten Fluglinie, auf dem Weg nach Hamburg.

Vom Hotel ruft sie ein Taxi – bitte einmal zum Flughafen Tempelhof. Der Taxifahrer – ein Türke mit Schnauzbart - fragt schmunzelnd: „Na, schon ausgeschlafen?"

„Wieso ausgeschlafen? Ich hatte den ganzen Tag Schulung und nun fliege ich fürs Wochenende nach Hause".

„Respekt, da ham'se aber ne jute Kondition, heute Morgen um vier Uhr warn se meine letzte Kundin, als ick se am Hotel abjeliefert hab, nu sind se meine erste Tour."

Wie viele Taxifahrer hatte Berlin in den 80er Jahren?

Berlin – ick liebe dir!

Rosl Reddy

Ich bin 1943 in Bayern geboren. Seit dem zweiten Lebensjahr habe ich in Hamburg gelebt und fühle mich auch als Norddeutsche. Als ausgebildete Arzthelferin folgte ich meiner ersten großen Liebe nach Indien. Kurz nach der Geburt unserer Tochter zog ich mit meinem indischen Ehemann nach Holland und von dort aus, mit meiner Tochter, zurück nach Hamburg. Ich arbeitete als Pharmareferentin, machte meinen Heilpraktiker und erlernte die chinesische Akupunktur. Von 1986 an arbeitete ich als Immobilienmaklerin, zunächst in Hamburg und die letzten zwanzig Jahre in Berlin. Über meine Zeit in Indien schrieb ich das Buch „Ganesha wirft das Handtuch und schlürft Sekt auf Sylt", das 2012 erschienen ist.

Katja Reuter

EIN UNVERBINDLICHES JA
(Arbeitstitel)

KAPITEL EINS

Achtung, Verkehr, ich komme!

Es ist Sommer. Ein Bilderbuchtag, die Sonne scheint, Vögel zwitschern vergnügt in den Baumkronen und zwei übermütige Eichhörnchen toben durch den Garten und vollführen Luftsprünge von Ast zu Ast. Ach, wäre da doch bloß nicht in einer Stunde diese verdammte Führerscheinprüfung, ich würde den Tag auf einer Liege verbringen und in der Sonne brutzeln.

Mittlerweile ist es mein dritter Versuch. Meine Mitbewohnerin hat mir vorhin zwei Schlaftabletten gegeben, damit ich ruhiger werde und nicht wieder zu rasant fahre. Bin gespannt, ob das etwas hilft ...

Dass ich nicht gleich nach dem Abi meinen Führerschein gemacht habe, bereue ich sehr, denn mit Anfang dreißig gelte ich ja schon als Fossil unter den Fahrschülerinnen. Aber ich, nie um eine Ausrede verlegen, schob dieses Projekt immer vor mir her, Jahr für Jahr. Beweggründe, keinen Führerschein zu machen, gab es immer: So war ich zum Beispiel der Meinung, mein hart erarbeitetes Geld, das ich während des Psychologiestudiums in einer Herrenboutique verdiente, wäre in Partys sinnvoller investiert. Schließlich hätte ich mir damals kein Auto leisten können, was hätte mir da ein Führerschein gebracht?

Und dann lernte ich Harry kennen. Wir wurden ein Paar. Anfänglich war ich zu verliebt und später zu bequem, um mich zur Fahrschule zu schleppen. Außerdem chauffierte mich Harry die letzten sechs Jahre, also seit Beginn unserer Beziehung, tapfer durch die Gegend.

Aber letztes Jahr, als wir eine siebenmonatige Auszeit hatten, vermisste ich vor allem diese grenzenlose Mobilität, es überkam mich ein Anflug von Selbstverwirklichung und ich meldete mich bei der Fahrschule an. Tja, und jetzt hab ich den Salat!

Prüfungsangst ist nicht schön – glaubt mir!

Mit Magenschmerzen und weichen Knien mache ich mich auf den Weg. Bei der Prüfstelle angekommen, trifft mich der Schlag: Schon wieder, nun bereits zum dritten Mal, stehe ich demselben Prüfer gegenüber. Na "Prost Mahlzeit" und das in Berlin, wo allein diese Prüfstelle zig Mitarbeiter hat. Wie in einem schlechten Film. Nein, schlechter als ein schlechter Film.

Auf geht's. Reinsetzen. Anschnallen. Spiegel einstellen. Korrektes Anfangsverhalten kann nicht schaden, denke ich noch ganz konzentriert. Doch schon nach den ersten Metern des Fahrens beginnen leider die Schlaftabletten zu wirken. Es fällt mir unglaublich schwer, die Augen offen zu halten. Bei jeder 50er-Zone fahre ich gerade mal 40 und den 30-km/h-Bereich passiere ich mit 20. Zum Glück sind nicht so viele andere Autofahrer unterwegs, der eine oder andere hätte sich sonst bestimmt schon aufgeregt.

Eisern kämpfe ich gegen das Müdigkeitsgefühl an. Augen aufhalten. Sekundenschlaf. Filmriss. Dann vernehme ich von weit her die unerwartete Bemerkung des Prüfers: „Bestanden."
Er scheint einen gnädigen Tag zu haben, denn er nuschelt noch hinterher, dass er so einem ‚Verkehrshindernis wie mir' den Führerschein eigentlich wieder nicht geben dürfte. Vielleicht will er sich auch nur ein weiteres Treffen mit mir ersparen. Jedenfalls händigt er die Papiere mürrisch an meinen Fahrlehrer aus und verlässt fix den Wagen. Mich würdigt er keines Blickes. Egal, ich freue mich, glücklich halte ich meinen Führerschein in den Händen. Jetzt aber schnell nach Hause ins Bett, diese verdammten Schlaftabletten.

Am nächsten Tag kann ich meinen Freund Harry überzeugen, mir seinen roten Mini für einen kurzen Arztbesuch zu leihen. Es hat fast eine Stunde gedauert, ihn zu überreden, und erst als ich anbot, den Wagen auf dem Rückweg durch die Waschanlage zu kutschieren, willigte er ein. Männer!

Hinterm Steuer fühle ich mich großartig. Wie in Ekstase heize ich durch die Straßen. Dota (bis zum Anschlag aufgedreht) hallt mit ihrem Ohrwurm „Rennrad" aus den runden stilechten Mini-Boxen. Die richtige Musik für meine Jungfernfahrt. Beim Doc angekommen biege ich auf den großen Parkplatz ein. Es ist kaum zu glauben, auf der riesigen Fläche steht nur ein einziges Auto. Eigenartig, immer wenn Harry mich herbrachte, waren meist nur drei oder vier Plätze frei. Vielleicht liegt es an den Ferien. Keine Ahnung.

Rasant fahre ich dicht neben diesen einen parkenden Wagen. So nah, dass ich aus der Beifahrertür aussteigen muss. Aber egal, ich hole ja nur schnell das bestellte Rezept ab. Irgendwie ist es auch ein lustiges Bild: auf dem großen Parkplatz nur zwei dicht aneinandergepresste Autos. Hauptsache, mein Wagen ist nicht so alleine und verloren auf weiter Fläche. Frauen-Logik, ja, ja – ich weiß ...

Zehn Minuten später krabbele ich auch schon wieder hinters Steuer. So, nun wird erst einmal „Astronaut" von Sido auf Repeat und volle Lautstärke gestellt. Ohne groß nach hinten zu schauen, schlage ich im Rückwärtsgang rechts ein, um in einer lang eingeübten Kurve zurückzusetzen. Ein Kinderspiel. Kein Wunder, wenn ich daran denke, wie viele Fahrstunden ich allein für dieses Manöver verbraten habe.

Doch warum hakt mein Wagen beim schrägen Zurücksetzen so eigenartig? Das ist neu. Vielleicht ist die Handbremse angezogen? Nein, ist sie nicht. Seltsam. Ich fahre wieder ein Stück vor. Alles normal. Beim zweiten Zurücksetzen sehe ich, dass sich der benachbarte Wagen leicht in die Höhe bewegt. Beim Vorfahren senkt er sich wieder. Beim nächsten Mal wiederholt sich dieses Phänomen. Ach du Scheiße, mir schwant Fürchterliches: Völlig verkeilt!!! Und das auch noch in ein parkendes Auto. Ist das peinlich!

Fluchend schalte ich den CD-Player aus und verlasse durch die Beifahrertür den Wagen. Ich kann nicht glauben, was ich dort sehe: Meine Stoßstange ist mit dem anderen Auto verhakt. Na prima! So ein Missgeschick hat mir gerade noch gefehlt. Eins, das mir nicht einmal mehr den Ausweg der Fahrerflucht lässt. Vor meinem geistigen Auge sehe ich schon, wie der rote Flitzer meines Freundes aus der Schrottpresse kommt. Armer Harry!

Ein Mann überquert kopfschüttelnd den Parkplatz und starrt mich an. In meinem Schock frage ich ihn, ob das da sein Auto ist. Bitterböse antwortet er mir: „Nein, Gott sei Dank nicht!"

Mit Herzrasen rufe ich Harry an und beichte meine Misere.

Zehn Minuten später steht er auch schon kreidebleich zwischen den verhakten Autos. Er ist stocksauer und total nervös. Seine Stimme zittert. „Sag mal, wie konnte denn das bloß passieren? Hast du keine Augen im Kopf?"

Dass ich gar nicht geguckt habe, ob dort noch genug Abstand zu dem anderen Auto ist, gebe ich wohl besser nicht zu. Selbst mit Wagenheber und der Hilfe eines anderen Passanten gelingt es uns leider nicht, die Autos zu trennen.

Verzweifelt rufe ich den ADAC an. Die gelben Engel kommen, sehen und siegen.

Der nächste „Sieg" besteht darin, den Besitzer des beschädigten Autos ausfindig zu machen. Ein sehr sympathischer Mann, der sich widerstandslos auf eine private Schadensregulierung einlässt. Schwitz! Ich bin erleichtert. Andernfalls hätte es mich den Führerschein gekostet. Die Nachprüfung (vielleicht auch noch bei demselben Prüfer wie die letzten drei Male) wäre gar nicht auszudenken!

Am Abend ist wieder Party angesagt. Harry aber hat keinen Bock auf Tanzen, das waren vorhin seine Worte. Er möchte lieber in einsames Selbstmitleid versinken und um seinen angeblichen Totalschaden trauern. Er sieht immer alles so schwarz. Der Wagen lässt sich bestimmt reparieren. Minis sind einfach nicht totzukriegen, das weiß doch jeder.

Harry war von Anfang an dagegen, dass ich den Führerschein mache. Als er davon erfuhr, waren wir gerade in unserer Versöhnungsphase.

„Mausi, wozu bitte brauchst du einen Führerschein? Wir wohnen doch so zentral. Das ist rausgeschmissenes Geld, ich fahre dich doch überall hin."

Wenigstens ist meine Mitbewohnerin, die Suse, in Party-Stimmung. Ich musste mich allerdings bereit erklären, mit dem Beifahrersitz vorliebzunehmen. Sie will mich heute nicht noch einmal hinterm Steuer erleben.

Leider ist es schon wieder so spät. Der Blick auf die Uhr zeigt, dass wir es gar nicht mehr rechtzeitig schaffen können. So ein Mist aber auch! Ein gemeinsamer Freund von uns hat Geburtstag, er gibt eine Cocktailparty, und ich habe ihm mein ‚Indianer-Ehrenwort' gegeben, nicht wieder so spät zu kommen. Ohne diesen Autounfall hätte ich mein Versprechen bestimmt einhalten können. Na, dann mal schnell.

Die Party findet in einem Raum mit großen Fenstern statt. Suse kennt hier wohl jeden. Hm, ich gehe zur Hausbar und ordere zwei Prosecco mit Aperol. Ein Glas drücke ich der Schnatter-Suse in die Hand, das andere verhafte ich in einem Zug. Der Gastgeber scheint gerade kurz verschwunden zu sein, soviel entnehme ich Suses Gespräch.

Ab auf die Tanzfläche, ich habe genug vom Dumm-Rumstehen. Beim Tanzen erreicht mich durch eine offene Terrassentür ab und zu ein erfrischender Luftzug. Wie angenehm. Verloren zwischen vielen Gestalten suche ich den Blick durch die Fenster. Dabei entdecke ich plötzlich tiefbraune Augen. Die Nebelmaschine sorgt dafür, dass ich nur die Umrisse der Person mit den fesselnden Augen erkennen kann. Als sich der Rauch etwas lichtet, sehe ich einen großen, schlanken Typ mit markanten Gesichtszügen. Er wird ungefähr in meinem Alter sein, denke ich, als er mir auf einmal den dichten Qualm der Nebelmaschine entgegenwedelt. Ich spiele mit und fächele ihm den Rauch zurück. Daraufhin faucht er mich an: „Findest du das vielleicht witzig?"

Innerlich schrecke ich zusammen und sage nur: „Ja, eigentlich schon!"

Eifrig wedelt er den Rauch zurück und fängt laut an zu lachen. Ich bin erleichtert! Wir tanzen ungefähr eine halbe Stunde lang, ohne auch nur ein Wort zu wechseln, bis er mich endlich fragt, ob wir kurz rausgehen wollen. „Natürlich ohne Hintergedanken!", fügt er schnell hinzu. Draußen erkundigt er sich nach meinem Namen.

„Chlothilde."

Etwas erschrocken antwortet er, schon eine Chlothilde zu kennen.

„Gefällt dir Mathilda besser?"

Er bejaht.

„Gut, dann nenn mich Mareike!"

Daraufhin fragt er etwas genervt, ob ich nicht noch einen weiteren Namen parat hätte. Als wir schließlich auf ihn zu sprechen kommen, sage ich so zum Spaß: „Und du? Heißt du Nick oder Nick?"

Verwundert schaut er mich an. „Woher weißt du das?"

Ohne wirklich zu glauben, dass ich mit Nick ins Schwarze getroffen habe, kläre ich ihn über meine hellseherische Begabung auf. Völlig verstört zieht er seinen Ausweis aus der Innentasche seines Sakkos und zeigt ihn mir. Mein albernes Gerede erweist sich doch tatsächlich als Wahrheit. Ich lese: „Nick Bödicke". Diesen Nachnamen hat auch der Ex von Suse. Seltsam, denke ich.

Etwas später, mitten in der Unterhaltung, entflammt ein Streit. Dauernd weiß Nick alles besser, fällt mir ständig ins Wort und zu guter Letzt vergreift er sich auch noch im Ton. Es wird mir zu bunt. Als ich mich abwende, um zu flüchten, nimmt er meine Hand, zieht mich zu sich heran und haucht mir ins Ohr: „Trägst du einen Slip?"

Ein eigenartiger Typ! Doch aus welchem Grund auch immer – ich spiele mit und hauche ihm mit maximal möglichem erotischem Tonfall die passende Antwort in seine Lauscher: „Ja, ‚Schiesser Feinripp', hautfarben, weißt du, diese Bauch-Wegdrück-Schlüpfer, die bis unter die Achseln reichen."

Nick schüttelt sich. Überzogen theatralisch. So als hätte ihm meine Antwort richtig wehgetan. Das hat er auch verdient, dieser Möchtegern-Womanizer. Bald darauf bietet er seine Begleitung für den Heimweg an, ich lehne mit der Begründung ab, dass ich mich nur von Minibesitzern heimfahren lasse. Dieser Spruch kommt mir in den Sinn, weil mir der gestrige Autounfall immer noch in den Knochen sitzt.

„Dein Wille ist mir Befehl!", erwidert Nick stolz.

Schnell verabschiede ich mich von Suse und gehe voller Erwartung mit ihm vor die Tür.

Ich glaube an dieser Stelle nicht erwähnen zu müssen, vor was für ein Auto ich nun geführt werde. Es kommt mir alles so unwirklich vor, wie in einem Traum.

Auf der Fahrt kann ich mir die Frage nicht verkneifen, ob er „Bödicke" mit Nachnamen heißt. Um uns jedoch einen Autounfall zu ersparen, füge ich schnell hinzu, dass ich die Information aus seinem Ausweis habe und diesmal kein Hellsehen im Spiel sei. Sein erschrockenes Gesicht wandelt sich. Er lächelt.

Vor meiner Haustür angekommen steige ich aus, natürlich, nachdem wir unsere Telefonnummern auf diversen Strafzetteln ausgetauscht haben. Ich winke ihm überschwänglich zu und er braust in seinem Mini davon. Gut so, er soll schnell verschwinden, nicht dass Harry etwas von meiner neuen Bekanntschaft mitbekommt. Denn irgendwie hat mich die Begegnung mit diesem Nick beeindruckt. Ganz egal wie eigenartig er war, der Abend wird als Volltreffer verbucht. Beflügelt schließe ich das Gartentor auf und laufe in die Wohnung.

Mit Schmetterlingen im Bauch krabbele ich etwas später in mein Bett. Harry schnarcht lautstark vor sich hin.

Fünf Tage später, kurz vor 24 Uhr, klingelt mein Handy. Ob das Harry ist? Er ist für ein verlängertes Wochenende nach Frankfurt gefahren. Ein Familienfest. Gut, dass ich mit seiner

Mutter im Clinch liege, so musste ich nicht mit. Als ich schlaftrunken den Hörer abnehme, meldet sich Nick am anderen Ende. Sofort bin ich hellwach.

„Weißt du denn überhaupt noch, wer ich bin?", erkundigt er sich.
„Na klar."

Daraufhin fragt er, ob ich schon geschlafen habe.

„Ja, ich war kurz davor", nuschle ich in den Hörer.

„Man hört es, du klingst recht verpennt."

Na – danke.

„Hast du angerufen, um mir das zu sagen?"

Kurze Stille.

„Nein, eigentlich wollte ich wissen, was du anhast."
Mich trifft der Schlag.

„Was ich anhabe?!?"

Telefonsex als Grund seines Anrufs, das sieht ihm ähnlich. Wenigstens aus Höflichkeit hätte er mal fragen können, wie es mir geht oder was ich so mache. Aber nein, Monsieur würde auf so etwas doch keine Zeit verschwenden.
Nun gut, wenn er meint.

„Ich trage einen roten Seidenpyjama. Der ist so leicht, dass man ihn auf dem Körper kaum spürt. Wenn ich mit meinen Hän-

den ganz langsam über den Stoff streiche, fühle ich, wie un-
glaublich weich er ist."

„Und was fühlst du, wenn du unter den Stoff gehst?"

Das Gespräch entwickelt sich, und nach ungefähr zwanzig
Minuten kommen wir zeitgleich zum Ziel.

Beseelt schlummere ich ein, da werde ich plötzlich unsanft
von meinem Handy aus den Träumen geholt. Vibration. Es ist
eine WhatsApp von Nick: Morgen um 23 Uhr, Spieleabend bei
mir. Vogelgasse 3!

Cool, dass Harry in Frankfurt ist ...

Katja Reuter

wurde 1971 geboren, hat Bekleidungsdesign studiert und lange in der Modebranche gearbeitet. Ihren Lebensunterhalt verdient die Autorin aktuell mit Schauspiel. Sie lebt mit ihrem Mann und zwei Kindern in der Flughafenhauptstadt Berlin. Ihr Roman „Welche Farbe hat die Liebe?" erschien im Ullstein Verlag. Der hier vorliegende Text entstammt ihrem neuen Roman mit dem Arbeitstitel: „Ein unverbindliches Ja".

Herbert Rieck

WIE DAS LEBEN SO SPIELT

Die Zwei

Sie hieß Isolde und war, als sie geboren wurde, genau so hässlich wie alle Babys kurz nach ihrer Geburt. Aber das sollte sich ändern: je älter sie wurde, desto hübscher wurde sie. Als sie ihren 17. Geburtstag feierte, waren sämtliche Gäste ihrer Geburtstagsparty, und nicht nur die Männer, einhellig der Meinung, sie erfülle alle Anforderungen an eine Schönheitskönigin.

Ihr Vater war ein Marquis und sie lebte auf einem kleinen Schloss in der Nähe der Loire. Das Anwesen war zwar nicht vergleichbar mit den großen Häusern in der Gegend, konnte sich aber sehen lassen. Da sie das einzige Kind des Grafen war, würde es ihr eines Tages gehören. Auch aus diesem Grunde, und nicht nur wegen ihrer Schönheit, war die Zahl ihrer Verehrer groß.

Isolde interessierte sich nicht für Männer. Ihre große Liebe gehörte ihren Pferden. Wenn sie - häufig ohne Sattel und allein - über die Wiesen ritt und die Haut des Pferdes unter ihren Schenkeln spürte, ergriff sie ein großes Glücksgefühl, das sie kaum beschreiben konnte.

Ihre Mutter, die so manche Affäre hinter sich hatte, sah dies mit großer Sorge. Sie wollte vor allen Dingen verhindern, dass ihre Tochter ihren Liebreiz vergeudete; denn ihr selbst waren ihre Liebschaften im Laufe der Jahre schon leid geworden. Immer dasselbe: Rein, raus - rein, raus. Am schönsten war das heiße Bad nach dem Akt.

Sie predigte deshalb ihrer Tochter ständig, dass die Treue die höchste Tugend sei. Enthaltsamkeit außerhalb der Ehe gehöre auf jeden Fall dazu. Sie wies auch auf das sechste Gebot hin, welches sie selbst allerdings nie beachtet hatte. Isolde hörte geduldig zu, und als sie eines Tages heiratete, war sie auf jeden Fall bereit, sich an diese Doktrin zu halten.

Ihr Mann war erheblich älter als sie, außerdem war er impotent. Er hielt seine Frau für frigide und nahm sich deshalb eine Geliebte, was Isolde nicht störte. So konnte sie sich unbehelligt weiterhin ihren Pferden widmen, während ihr Mann seinen Geschäften - und Liebschaften - in Paris nachging.

Wahrscheinlich wäre diese Geschichte so langweilig weiter gegangen, wenn Isolde nicht eines Tages Dirk getroffen hätte.

Dirk war Mitglied einer kleinen Band, die der Graf eines Tages zu einer kleinen Party engagiert hatte. Er sah gar nicht einmal gut aus, war aber mit seinen 35 Jahren ein richtiges Mannsbild. Er spielte Gitarre und sang Countrysongs. Isolde war begeistert und hatte auch keine Einwände, als Dirk ihr später den Hof machte. Sobald er seine Hand auf ihren Arm legte, hatte sie das Gefühl, als ob sie über die Prärie ritt. Es war unbeschreiblich.

Später fragte er sie, ob er sie besuchen dürfe. Isolde meinte, er solle am besten kommen, wenn ihr Mann in Paris sei. So geschah es.

Isolde freute sich über seine Besuche, denn ihr Bekanntenkreis war nicht sehr groß und sie fühlte sich auf dem Lande häufig einsam. Auch Dirk liebte Pferde und so ritten sie gemeinsam aus. Wenn sie zurück auf dem Schloss waren, sang er ihr seine neuesten Lieder vor oder sie sprachen über Literatur und Musik. Mit plumpen Zärtlichkeiten hielt er sich zurück, obwohl er Isolde innig liebte und ihr dies auch unmissverständlich zeigte. Auch Isolde mochte ihn gern, aber jedes Mal, wenn er sie in den Arm nahm, tauchte vor ihrem geistigen Auge das Bild ihrer Mutter auf und sie meinte, solange ihr Ehemann lebte, wolle sie es nicht zu Intimitäten kommen lassen. Dabei nahm ihr Sehnen nach seiner Liebe von Monat zu Monat zu.

Dirk hatte mit der sexuellen Abstinenz große Schwierigkeiten. Er brauchte von Zeit zu Zeit eine Frau und Onanieren machte auf die Dauer auch keinen Spaß. Wenn er ab und an ins Bordell ging, hatte er nachher immer ein schlechtes Gewissen, sodass er sich überlegte, ob er Isoldes Mann einfach ermorden sollte, um dieses Hindernis auf dem Wege zur Glückseligkeit zu eliminieren. Als Künstler war er aber kein Mann der Tat.

So vergingen die Jahre, bis der Marquis eines Tages plötzlich starb.

Sobald er die Nachricht gehört hatte, eilte Dirk zu Isolde. Aus Gründen der Pietät hatte er in einem nahe gelegenen Landgasthof Zimmer reserviert. Er lud seine Geliebte in seinen Sportwagen und brauste davon. Leider war er so voller Vorfreude, dass er unvorsichtigerweise seinen Wagen in einer engen Kurve gegen einen Baum fuhr. Beide waren sofort tot. Sie starben mit einem Lächeln im Gesicht, was die Gazetten in ihren Berichten über den Unfall hervor hoben.

Über dieses Lächeln wurde allseits gerätselt. Dabei war die Erklärung sehr einfach: Sie fuhren auf in den Himmel. Dass es steil aufwärtsging, merkten sie an einer Art Fahrstuhlgefühl. Irgendwann - das Zeitgefühl war ihnen abhandengekommen - erreichten sie einen Bauernhof und trafen hier einen Knecht, der in einer Kutte gekleidet mit einem Rechen in der Hand den Hof harkte. Er sagte, er sei der Engel Gabriel. Er meinte, nachdem sie ihm erklärt hatten; sie müssten dringend seinen Herrn sprechen, Gott käme gelegentlich vorbei, sie sollten sich auf die Bank setzen und warten.

Nach langer Zeit des Wartens - es könnten Jahre vergangen sein - erschien ein einfach gekleideter älterer Bauer. Er sagte, er wäre der Herr und fragte: „ Was gibt's?"

Sie schilderten in bewegten Worten, wie sie sich mit ihrer Liebe viele Jahre lang gequält hätten, nur um Gottes Gebote einzuhalten, wie sie gelitten hätten und wie sie nun fast am Ziel durch das Schicksal grausam betrogen worden seien. Sie meinten, sie hätten auf jeden Fall einen Platz am Tische Gottes verdient.

Gott hatte sich die ganze Suada geduldig angehört. Nach kurzer Überlegung sagte er dann: „Verschwindet! Mit dummen Menschen kann ich nichts anfangen."

Eine ganz alltägliche Geschichte

Jerry und Maud führten eine harmonische und glückliche Ehe. Sie lebten in einem sehr schönen Teil der britischen Inseln: in den Cotswolds. Das Haus hatte Jerry schon vor Jahren von einem begüterten Onkel geerbt und seitdem modernisiert. Den Vordergarten hatte er als Rosengarten angelegt; denn er war ein begeisterter Rosenzüchter. Hinter dem Anwesen war eine Veranda. Auf einen Swimmingpool hatte er verzichtet. Den Gemüsegarten im hinteren Teil des Grundstücks betreute Maud. Außerdem kam ein Gärtner einmal im Monat, der für die gröberen Arbeiten verantwortlich war.

Jerry hatte sein Berufsleben vor einigen Jahren als Geschäftsführer einer Maschinenbaufirma beendet. Er erhielt eine Pension, mit der er zufrieden war, außerdem hatte er einen Teil seines Vermögens in Aktien angelegt. Jerry und Maud brauchten sich also keine Sorgen über ihr Dasein und ihre Zukunft zu machen.

Sie hatten keine Kinder. Maud hatte in den ersten Jahren ihrer Ehe eine Fehlgeburt erlitten. Und irgendwie war sie nie mehr schwanger geworden. Von der Aussage, dass jede Frau den ernsten Wunsch hätte, Mutter zu werden und bei Nichterfüllung dieses Kinderwunsches, leiden müsste, hielt sie nicht viel. Sie hatten Sex für gewöhnlich einmal im Monat, es war kaum noch Leidenschaft im Spiel. Allerdings war Maud immer ganz bei der Sache. Sie gehörte nicht zu den Engländerinnen, die nach dem Orgasmus – wenn er dann kam - fragen: „Kann ich jetzt meinen Apfel weiter essen?"

Im Allgemeinen verfügte sie über ein ausgeglichenes Temperament. Allerdings waren ihre Zornausbrüche in der Verwandtschaft und im Freundeskreis gefürchtet. Sie konnte sich so schön erregen, wenn sie wieder einmal eine Dummheit ihrer Mitmenschen festgestellt hatte. Dann ging sie fast explosionsartig „förmlich in die Luft", wie ihr Mann bemerkte.

Beide nahmen an dem Gemeinschaftsleben in dem kleinen Städtchen, in dem sie wohnten, in gehöriger Weise teil. Sonntags oder an hohen Festtagen gingen sie in die Kirche. Jerry war ein gern gesehener Gast im lokalen Pub und Maud traf sich mit den Damen ihrer Bekanntschaft, wann und wo es opportun erschien.

Fast hätte ich Benny vergessen. Er war ein Golden Retriever und lag meistens auf einem Teppich vor dem Kamin in der Diele. Er begleitete Jerry auf seinen Spaziergängen und zu dem Zeitungsladen, in dem Jerry jede Woche seinen Lottoschein mit immer denselben Zahlen ausfüllte, die Maud und er seit ihrer Hochzeit spielten.

Diese Idylle wurde eines Tages durch den Besuch von Betty gestört. Eigentlich hieß sie Elizabeth und war die Tochter von Mauds Schwester, die mit ihrem Mann in den USA lebte. Betty war 35 Jahre alt, noch unverheiratet, aber keinesfalls unschuldig. Sie wollte gerne das Leben „in good old England" kennenlernen und fand alles „sweet" und „very cute". Allerdings fing sie an, nachdem sie eine Woche auf dem Lande verbracht hatte, sich zu langweilen. Sie meinte, ein Wochenende in London könnte eine gute Abwechslung sein, insbesondere wenn Jerry sie begleiten würde.

Jerry war keineswegs begeistert, fügte sich aber, nachdem auch Maud ihm bedeutet hätte, es wäre gut, wenn er einmal aus seinem Trott heraus käme und ein bisschen neuen Schwung sammeln könnte.

Also buchte er Zimmer für ein Wochenende in einem guten Londoner Hotel, ebenso Theaterkarten und einen Tisch im Savoy, denn er meinte, wenn sie schon die Reise mit dem Zug in die Metropole auf sich nähmen, dann sollte es insbesondere für Betty ein schönes Erlebnis werden.

Offensichtlich amüsierten sich die beiden sehr gut, denn als Jerry am Montagabend spät mit dem Taxi nach Hause kam, summte er ein fröhliches Liedchen, als er zu Maud – die schon schlief – ins Bett kroch. Betty war in London geblieben. Sie hatte gebeten, ihr ihre Sachen in das dortige Hotel zu schicken.

Jerry war am nächsten morgen früh auf den Beinen. Er war mit dem Hund unterwegs, während Maud das Frühstück zubereitete.

Sie hatte auch seinen Koffer inzwischen ausgepackt und bemerkt, dass eine Unterhose fehlte und sein weißes Oberhemd mit Lippenstift verschmiert war.

Beim Frühstück war Maud schweigsam. Sie fragte lediglich, woher Jerry die kleine Bisswunde an seinem Ohr habe. Er meinte, er hätte mit der „Hotelkatze" gespielt und die hätte ihn wohl gebissen.

Maud ließ deutlich erkennen, dass sie diese Story für wenig glaubhaft hielt, ging aber schweigend in den Garten, um Salat und die nötigen Gemüsezutaten zu holen und begann, am Küchentisch den Salat zu schneiden. Jerry ging zu ihr. Er hatte wohl das Gefühl, er müsse noch einige Erklärungen nachliefern.
„Wir hatten ein sehr schönes Hotel", so fing er an „und der Portier hielt uns für ein Ehepaar. Ich musste am Empfang erst einmal klarstellen, dass wir getrennte Zimmer haben wollten.

Das war gar nicht so einfach zu bewerkstelligen, denn das Hotel war ausgebucht."

„Ich will nichts mehr hören", erwiderte Maud. In ihrem Inneren brodelte es und sie schnitt und hackte mit dem scharfen und spitzen Messer durch das Gemüse, dass es nach allen Seiten spritzte. „Und jetzt halt den Mund; denn im Radio kommen die Lottozahlen. Im Jackpot sind eine Million Pfund!"

Kaum hatte der Ansager die Zahlen verkündet, schrie sie fast hysterisch: „Das sind unsere Zahlen. Wir sind reich!!!"

Jerry lächelte verlegen und beugte sich zu ihr. „Leider stimmt das nicht; denn da unsere Zahlen bisher nie gewonnen hatten, habe ich dieses Mal Bettys Geburtstagsdaten eingegeben."

„Du blöder Idiot!", schrie Maud und stach wildwütig auf Jerry ein. Ein Stich traf genau in Jerrys Herz. Sein Blut spritzte auf den Küchentisch. Sterbend sank er zu Boden.

Als der von der Putzfrau gerufene Notarzt sehr bald eintraf, hatte Maud das Messer noch fest in der Hand. Sie murmelte kaum hörbar: „Eine Million Pfund, eine Million Pfund", während Jerrys Blut vom Küchentisch auf den Boden floss:

Blob, blob – blob …

blob

Herbert Rieck

wurde 1924 in Schleswig geboren. Als Sechsjähriger zog er mit der Familie nach Hamburg, wo er 1952 das Jurastudium mit der großen juristischen Staatsprüfung abschloss. Von 1942 bis 1945 diente er bei der Kriegsmarine, zuletzt als Wachoffizier auf einem U-Boot, und verbrachte die nächsten drei Jahre bis 1948 in Kriegsgefangenschaft in England. Von 1952 bis 1970 war Herbert Rieck als Verwaltungsbeamter in Hamburg tätig; von 1962 bis 1965 als persönlicher Referent bei dem damaligen Innensenator Helmut Schmidt und zuletzt als Leitender Regierungsdirektor im Hochschulbereich. Bis 1987 war Rieck Erster Direktor im Bundesnachrichtendienst in Pullach und anschließend bis 1997 Chief Consultant for Secure Communications.

Wolfgang Rill

TOUR DE FORCE

„Wissen Sie, ich komme so viel herum, da habe ich für später nur einen Traum: Irgendwo zu bleiben. Sesshaftigkeit."

Er sieht ihr mit lauerndem Blick tief ins Gemüt. Beifall heischend. Sie nippt nervös an ihrem Kaffee.

„Ein kleines Nest in einem kleinen Nest, ha ha, ich meine so ein gemütliches Anwesen, gar nicht mal in einer Stadt. Ein Idyll. Bauernhof oder Auszugshäuschen auf dem Lande. In Mecklenburg soll jetzt so viel leer stehen wegen der Landflucht. Bisschen Garten, vielleicht ein Treibhaus. Eine Werkstatt für Reparaturen."

Er beobachtet, wie sie zusätzlich zum nächsten Kaffeenippen auch noch die Fußspitze wippt.

„Wo kommen Sie denn über überall herum?"

„Beruflich viel in den Staaten und Mittelamerika, Panama, Ecuador, Kolumbien und so. Personalmanagement, Consulting, wird Ihnen nicht viel sagen."

Sie nippt nicht und wippt nicht. Sieht ihn nun ihrerseits interessiert an.

„Wohnen Sie dann in Hotels?"

„Manchmal im Haus eines unserer Direktoren, aber meistens in Hotels."

„Und hier in Heidelberg?"

„Dienstwohnung, von der Zentrale gestellt. Schon seit Jahren, seit meiner ... Scheidung."

Sie schätzt ihn auf 55. Da wird das mit der Scheidung schon eine Weile her sein. Aber das interessiert sie nicht.

„Und wie ist das bei Ihnen?", fragt er. „Was machen Sie beruflich, wenn ich fragen darf."

„Ist das wirklich so wichtig?"

„Wenn Sie es nicht sagen wollen, bitte", murmelt er leicht enttäuscht.

„Was meinen Sie denn, was ich bin?"

„Sie sind Lehrerin."

Er wäre vielleicht infrage gekommen. Attraktiv ist er ja. Kein Bierbauch. Interessante Sachen macht er ja. Aber jetzt hat er alles versaut. Er kann zwar nicht wissen, dass es seit Jahren ihr ganzer Stolz ist, nicht auszusehen wie eine Lehrerin, nicht zu sein wie eine Lehrerin, trotzdem, Mist, verdammter. Und außerdem, der mit seinem Nest in einem kleinen Nest. Sie will sich nicht schon wieder einsperren. Sie will raus! Endlich raus! Sie wartet nur noch auf das Läuten des Glöckchens.

Das kommt zum Glück auch bald.

An den Tischen ringsum erheben sich die Herren und streichen ihre Krawatten glatt. Auf dem Podest neben der Glasfront zum Neckar lächelt eine füllige Dame um die vierzig verbindlich und gibt mit einer Geste die Richtung an. Nach rechts. Uhrzeigersinn. Kurze Pause zum Pinkeln gehen, was sie aber „sich im Waschraum frisch machen" nennt.

Der Nächste ist ein Schweiger. Außer einem kleinen Ächzen beim Setzen und einem gepressten „guten Abend" fällt ihm lange nichts ein. Er ist fett, kommt sowieso nicht infrage. Mit Schweigern kann sie umgehen. Beruflich bedingt. Sie sagt also auch nichts. Schaut nur angemessen interessiert und leicht amüsiert.

„Ja, ääh, ja … Warum sind Sie denn da?", sagt er.

Sie glaubt es kaum. Kann das wahr sein? Gehobenes Niveau, hat es doch im Internet geheißen, exclusives Ambiente, und noch mehr von so ´nem Quatsch. Nur Interessenten mit dem gewissen Kick, der Weltläufigkeit, der Eloquenz.

„Verstehen Sie das Wort ‚Eloquenz'?", fragt sie zurück.

Der Mann mit den Schweißperlen auf der Stirnglatze sackt um einige Zentimeter tiefer im Sitz. Ich versteh´ schon, was Sie meinen, quält er hervor. Aber, wissen´S, ich war nie ein großer Redner. Ich bin Handwerker, da muss man nicht, wie sagten Sie, eloquent sein.

Es tut ihr leid. Sie kommt sich mit ihrer spitzen Frage nun arrogant vor.

„Entschuldigen Sie bitte", sagt sie. „War nicht böse gemeint. Was für ein Handwerk betreiben Sie denn?"

Der Mann wächst wieder um zwei Zentimeter, greift erleichtert nach dem Weinglas, das er mitgebracht hat, und beginnt von seinem Betrieb für Sanitäreinrichtungen zu berichten. 57 Mitarbeiter, ein Betriebshof in Weinheim, Aufträge in ganz Süddeutschland. Meist Großbaustellen, zum Beispiel ein Hotel-Neubau in Hanau, dort gleich 130 Bäder einzubauen, mit allem

Drum und Dran, Design Armaturen, Naturfliesen, Marmor und so.

„Jetzt fällt's mir schon leichter mit ihnen zu reden", flicht er ein. „Vorhin, da haben Sie so komisch gefragt, fast wie eine Lehrerin."

Und schon ist er wieder bei seinen Natursteinfliesen. Bringt natürlich auch ein bisschen was ein, so ein Betrieb, fügt er hoffnungsvoll an.

Sie zwingt sich. Sie schaut angemessen interessiert und leicht amüsiert und wartet auf das Glöckchen. Zehn Minuten jeweils. Können sehr lang sein, so zehn Minuten.

Der Nächste stellt sich vor: „Scholz-Knierling mein Name, Heinrich."

„Aubert", antwortet sie, „Christiane."

Der Mann ist das Gegenteil von dem davor. Sie hat selten so ein Gerippe gesehen. Eingefallene Wangen, tiefe Falten um den Mund, ausgemergelte Hände. „Haben Sie AIDS?", würde Christiane am liebsten fragen. Aber sie will sich nicht jetzt schon den nächsten Fauxpas erlauben. Sie lehnt sich zurück und lauscht mit halbem Ohr auf das Gemurmel, das von den anderen Tischen herüber dringt. Sechs Tische sind's. Und das hier ist erst die Nummer drei. Ein Blick auf die Uhr wäre jetzt unhöflich.

Auch Herr Heinrich Scholz-Knierling lehnt sich zurück. „Darf ich Ihnen etwas sagen?", sagt er.

„Sagen Sie ruhig", sagt sie.

„Sie gefallen mir."

Christiane greift wieder zur Kaffeetasse. „Ganz schön direkt", sagt sie. „Aber natürlich freut es mich, dass ich Ihnen gefalle. Was gefällt Ihnen denn so besonders an mir?"

„Es ist erst mal der Gesamteindruck, natürlich, aber … dann sind es die Augen. Die Augen sind ja Spiegel der Seele, sagt er tatsächlich. Und dann natürlich auch die Figur."

„Danke."

„Und was machen Sie beruflich, wenn ich fragen darf?", fragt er.

„Ach, nichts Besonderes. Schlage mich so durch. Und Sie?"

„Bin im pädagogischen Bereich tätig. Gebe Englisch und Sport am Ernst-August Gymnasium in Furtwangen. Fachbereichsleiter, kann ich in aller Bescheidenheit sagen."

Sie hat es geahnt. Irgendwie hat sie es geahnt. Ein Kollege. Auch diesmal versprechen die restlichen sechs Minuten, elend lang zu werden. Und dann noch drei Stationen bei diesem Umzug der Männer, auf diesem Kreuzweg. Einhundertdreißig Euro fürs gehobene Niveau und das exklusive Ambiente und den Blick aus dem zwölften Stock auf den Neckar. Sie hat plötzlich große Lust auf eine Currywurst an einer Würstchenbude an der Ausfallstraße Richtung Mannheim. Und dazu eine Cola und eine Zigarette.

Stattdessen bekommt sie den nächsten Herrn serviert. Sie schaut intensiv rüber zur Bedienung wegen eines Café Latte, da naht er schon heran. Als sie aufblickt, trifft sie der Schlag.

Als junges Mädchen hatte sie eine Vorstellung von dem Mann, der mal ihr Mann sein würde. Es war keine äußerliche Vorstellung. Ob er braune oder schwarze Haare haben würde, Jeans oder Anzug, das war zweitrangig. Einzig wichtig waren: ein besonderer Ausdruck im Gesicht, vor allem bestimmt durch die Augen, und eine eigene, seltene so unendlich kostbare Ausstrahlung, eine Art Aura, Aureole. In dieser Aura würde sie wohnen können, da wäre sie beschützt und könnte alles in der Welt machen.

Im Studium war sie diesem Mann begegnet. Etwa einmal pro Jahr.

Er kam in die Mensa und sah sich nach einem Tisch um.
Er war Assistent und hielt ein Proseminar ab.
Er war Elektriker und reparierte im Blaumann etwas in einem Schaltkasten im Kaufhaus Karstadt.
Er kam in die Kellerdisko und blieb eine Weile an der Tür stehen, bevor er sich an der Bar ein Bier holte.

Später sah sie ihn seltener. Im Beruf traf sie auf weniger unterschiedliche Leute und unter den tausend, die sie traf, war er nicht. Er war einer, den es nur einmal unter hunderttausend gab. Nie hatte es geklappt. Er war einer, den man nicht so leicht ansprach. Außerdem war sie immer so beschäftigt gewesen, schmachtende Blicke zu vermeiden und oft auch die Schenkel zusammenzupressen, dass er wieder fortlief. Fort zu anderen Frauen, die vielleicht nicht ahnten, dass er doch er war, er, der Einzige, der einzig Mögliche.

Und jetzt saß er hier.
Christiane braucht eine Sekunde, um vom Blitz getroffen zu werden und zwei weitere, um zu erkennen, dass er es tatsächlich ist, dass er es wahrhaftig und tatsächlich ist. Aber was jetzt?

Was bitte jetzt? Bloß nicht doof lächeln, wenigstens nicht allzu doof. Bloß die Stimme im Zaum halten, wenn sie etwas sagt, aber besser sagt sie nichts. Und sie spürt, wie sie unten feucht wird und die Beine in den Nylonstrümpfen etwas zusammennehmen muss. Und das Rückgrat herauf steigt ein Kribbeln, das schon lange nicht mehr da war, von dem sie vergessen hat, dass es so etwas gibt.

„Christiane Aubert", sagt sie, „Guten Abend." Die Stimme einigermaßen fest, der Blick einigermaßen freundlich und möglichst wenig doof. Aber hätte nicht er zuerst etwas sagen müssen?

„Georg Stein mein Name."

Wenn er jetzt sagt „freut mich, Sie kennenzulernen" würde sie ihm das verzeihen. Sie würde ihm alles vergeben. Aber er sagt erst mal nichts. Er sagt auf andere Art nichts als der Schweiger vorhin. Dem fiel nichts ein. Diesem hier, diesem Georg, fällt etwas ein. Er sinnt offenbar über etwas nach und ist abwesend aber ganz ruhig.

Entschuldigen Sie, mir geht das letzte Gespräch noch ein wenig durch den Kopf. Ist ja auch nicht normal, so ein Rundflug mit Zwischenlandung an sechs Tischen.

Wenigstens nimmt er sie jetzt wahr und mustert sie. Die Musterung fällt nicht ganz unbefriedigend aus, sie sieht es an den Augen. Sie sind braun, diese Augen, tiefbraun, warm, intelligent, aber das ist es nicht. Das ist es nicht allein. Es sind Augen, die etwas über das Leben wissen, dass es schön ist, das Leben, dass es manchmal schwer ist, dass es ein köstliches Spiel ist, wer diese Augen hat, kann heiter leben, und wenn er mal abtritt, wird er auch das heiter tun und ohne Reue.

„Wie ist das denn für Sie", fragt er. „Muss doch auch für die, sagen wir ‚andere Seite' ganz schön anstrengend sein, so ein Abend."

„Bin das gewohnt, bin Lehrerin", sagt sie, lächelt zuckersüß und ein bisschen doof. Sie könnte sich aufs Maul hauen. Was ist in sie gefahren? Wenn sie sich jetzt auch noch hinreißen lässt und fragt „und was machen Sie?", steht sie auf der Stelle auf, geht aufs Klo und erhängt sich. Sie kann es gerade noch verschlucken.

„Schöner Beruf. Freut mich für Sie", sagt er. „Hätte gar nicht gedacht, dass Sie Lehrerin sind. Sie sehen nicht danach aus. Hätte auf irgendwas anderes getippt."

Sie ist selig! Der Mann weiß gar nicht, wie sehr er genau das Richtige sagt. Und er gibt ihr noch eine Vorlage.

„Auf was hätten Sie denn getippt?"

„Schwer zu sagen. Sie sind, sozusagen, nicht berufsgeprägt."

„Sie auch nicht."

Schon wieder falsch? Sie ist sich nicht ganz sicher. Vielleicht als Gegenkompliment etwas plump, etwas dick. Macht nichts.

„Ja, bei mir ist das auch eine schwierige Sache. Lässt sich nicht in ein paar kurzen Worten erklären. Aber keine Angst, Geld habe ich genug."

„Hab keine Angst", sagt sie. „Bei Ihnen habe ich keine."

Er zieht erstaunt eine Augenbraue hoch. Er hat lang gezogene, dunkle, kräftige Augenbrauen.

„Das klingt aber schmeichelhaft für mich. Noch schöner wäre es natürlich, wenn Sie nicht nur keine Angst hätten, sondern mich sogar ein wenig anziehend fänden."

„Aber ich mag Sie doch!"

Mist, bei dem kommt alle Kontrolle abhanden. „Scheiß drauf", sagt sie laut, „es ist einfach so. Ich glaube, ich mag Sie, Herr Georg Stein, wenn ich das nach unserer langen Bekanntschaft von zwei Minuten mal so sagen darf."

Er bleibt ernst: „Lange Bekanntschaft haben Sie nicht nur ironisch gesagt. Manche Menschen trifft man zum ersten Mal und man hat das Gefühl, man kennt sie schon lange. Ist es zu banal, wenn ich Ihnen sage, dass es mir mit Ihnen auch so geht?"

Natürlich ist es ihr nicht zu platt. Sie schwebt. Sie fliegt. Sie fliegt im siebten Himmel zwischen den Geigen durch, die dort hängen. Und so geht es noch eine Weile weiter. Sie tauschen violinene Worte. Viel zu schnell ertönt das Glöcklein.

„Sehen wir uns wieder?", sagt er und reißt sich mit Überwindung los.

Mit Überwindung? Doch, doch, sie sieht ganz deutlich, dass es mit Überwindung ist.

„Unbedingt", sagt sie.
Beim nächsten ist sie ganz unkonzentriert. Später wird sie sich nur an eine Kinnlade von großer Ausführlichkeit erinnern,

die beim Sprechen hoch und runter klappt. Eine Kinnlade wie auf einer Karikatur von Frankenstein. Arzt oder so etwas ist er. Auch so einer, der es eher mit seinem Geld als mit seinem Charme versucht, weil er vom Geld mehr hat. Sie bleibt äußerlich freundlich, angemessen interessiert und leicht amüsiert.

Innerlich aber ist sie einen Tisch weiter. Sie sieht die beiden aus den Augenwinkeln. Er sitzt bei einer Blonden. Knapp über vierzig ist sie, macht auf fünfunddreißig. Gute Figur, leider. Kostüm gefährlich geschmackvoll. Gesicht unangenehm hübsch. Und er sagt erst mal nichts. Sie beginnt das Gespräch. Aber da redet der Arzt schon von einer Abenteuerreise in die Atacamawüste, und es wäre unhöflich, dauernd zum Nebentisch zu lugen. Er will sie auch zu so etwas mal mitnehmen, für den Fall der Fälle, wie er sagt, Himalaja wäre drin oder Mongolei. Nette Vorstellung eigentlich, ganz nett, aber was reden die da nebenan nur? Beugt die sich jetzt sogar über den Tisch? Will sie ihm leise etwas mitteilen, flüsternd? Sind die beiden schon so weit? Das Kribbeln im Kreuz ist weg und die Nylonbeine kann sie bequemer strecken. Aber nach ihrem Magen greift eine kalte Hand.

„Ist Ihnen nicht gut?", fragt der Arzt. „Vielleicht kann ich Ihnen helfen, bin schließlich Arzt."

„Wieso?"

„Sie wirken so abwesend. Und eben habe ich Sie was gefragt, das haben Sie offenbar gar nicht gehört."

Mist, Mist, Mist. Vielleicht verliert sie beides. Den Himalaja und den Georg. Sie entschuldigt sich und gibt ihm von nun an immer die richtigen Antworten. Und als er zum Schluss fragt, was sie eigentlich beruflich mache, sagt sie: „Ach, man schlägt sich so durch." Dann läutet das Glöcklein.

Er verschwindet gleich aufs Klo. Ist das die Möglichkeit? Kaum mal einen Blick hat er ihr zugeworfen. Leichtes Kopfnicken, angewinkelte Hand zum Gruß, das war's. Dabei hätte man leicht rüber zur Bar schlendern können und ein Glas Sekt nehmen. Vielleicht hätte man dadurch die Pause sogar verlängern können oder gar jetzt schon aussteigen aus diesem blöden Spiel. Einfach heimlich verschwinden und ab zur Ausfallstraße nach Mannheim auf eine Currywurst und eine Zigarette. Und nachher ... kaum auszudenken. Es könnte ein „Nachher" geben. Mit ihm schon. Aber nein, der Herr muss ja aufs Klo. Sextanerblase. Christiane sieht, wie die Blonde drüben wie sie selbst starr am Tisch sitzt, unzufrieden wirkt und trotzdem anscheinend von etwas träumt.

Noch einer. Für den hat sie nun schon überhaupt keinen Nerv mehr. Der einzige Vorteil ist, dass Georg zwei Tische weiter bei einer Brünetten sitzt, Dauerwelle, kräftige Statur, grobe Züge, eine Bäuerinnengestalt. Die ist zum Glück völlig indiskutabel.

Der Letzte in der Reihe ist ein Muttersöhnchen. Das hat sie nach zwei Minuten raus. Er schafft es, in den ersten fünf Sätzen alle ihm wichtigen Reizworte unterzubringen: Villa, Porsche, Segeltörn und natürlich, so nebenbei, meine Frau Mama sagt auch immer ... Auch beginnt er gern Sätze mit der Floskel „Ich bin einer, der ...".

„Interessieren Sie sich für Politik?", fragt sie, ohne lang zu fackeln. Der gebräunte blonde Lockenkopf mit den manikürten Nägeln guckt erschrocken. Sicher der Jüngste in der Reihe, noch keine vierzig. Mamasöhnchen oder Heiratsschwindler, denkt sie, eins von beiden oder beides.

„Wollen Sie denn mit mir über Politik reden?", fragt er.

„Nur im äußersten Notfall", sagt sie.

Er strafft sich, versucht sich in Positur zu setzen. Es sieht aus wie vor dem Spiegel geübt.

„Du bist schick", sagt er frech mit verschmitztem Lächeln und direktem Blick auf ihre Brüste.

„Und du hast das falsche Parfüm. Davon aber zu viel", sagt sie.

Er atmet tief durch, so als wolle er mal riechen, ob er wirklich zu stark rieche. Dann zuckt er die Schultern und schaut sich Hilfe suchend nach der Kellnerin um. Es entsteht eine Pause. Die Kellnerin kommt, er blickt fragend, ob sie auch etwas möchte. „Einen Mojito", sagt er dann. Die Kellnerin antwortet zum Glück, dass das Haus darauf leider nicht eingerichtet sei, weil die Bar keine frische Minze habe und es entspinnt sich ein Gespräch, in dem er seine Empörung über diese Schlamperei kundtut.

Christiane hat Zeit. Sie sucht im Raum, ob nicht irgendetwas spiegelt. Vielleicht könnte man ihn so unauffälliger beobachten. Draußen ist es noch nicht dunkel genug. Die Fensterfront wirft nur ein schwaches Bild zurück, in dem sie nicht Georg sieht, sondern ausgerechnet diese Nachbarin. Es ist kaum eine Genugtuung, dass die sich mit Kinnlade genau so schwer zu tun scheint wie sie selbst mit Blondlocke.

„Ich heiße übrigens Mike", versucht es Blondlocke nun auf dem konventionellen Weg. „Wollen wir nicht ‚du' zueinander sagen?"

„Gern, wir haben das ja gerade schon mal geübt."

„Und wenn wir dann verheiratet sind, sollten wir uns sowieso nicht mehr siezen", sagt er.

So ganz tausendprozentig ohne Witz ist er gar nicht, aber Christiane hat andere Sorgen. Sie hat doch wieder hingeguckt, obwohl sie sich das verboten hatte. Und was sieht sie? Georg – ihr Georg – beugt sich vor und reicht der Bäuerin etwas über den Tisch. Ein Kärtchen, sie sieht es genau. Und die Bäuerin stemmt ihren stämmigen Körper gegen die Tischkante, als sie auch ein Kärtchen zurückreicht.

„Ist das denn so peinlich, dass wir heiraten könnten? Du wirst ja ganz rot", sagt der blonde Mike.

„Ja. Ja, ja. Ein bisschen peinlich wäre es mir schon. Aber wenn Sie, ich meine du, dich liebevoll auf meine drei Kinder einlassen würdest, könnten wir drüber reden."

Er zögert, ist sich nicht ganz sicher. „Wie alt sind sie denn, die Drei?"

„Gerlinde ist fünf, Stefanie neun und Garry ist vierzehn, gerade mitten im Flegelalter. Süß sind sie trotzdem." Sie erfindet diese Kinder nur so nebenbei. Im Augenwinkel hat sie den übernächsten Tisch und zurzeit besteht ihr Blickfeld nur aus diesem Winkel. Die machen schon wieder etwas. Sie zwingt sich, nicht direkt hinzuschauen. Dann tut sie es doch. Er hat über den Tisch ihre Hand gegriffen. Er streicht mit dem Finger darüber. Sie lächelt. Das Trampel lächelt! Dann nimmt sie seine Hand und schaut hinein. Die beiden vergleichen ihre Lebenslinien. Ist das denn zum Aushalten?

Das Glöckchen kommt spät, aber es kommt. Dass Blondi und sie wie Nordpol und Nordpol zweier Magnete sind, ist zum Schluss klar und er entfernt sich auch wie abgestoßen. Der Südpol aber, der dort drüben immer noch sitzt, macht keine Anstalten, ihrer Anziehungskraft nachzugeben und zu ihr zu rollen, zu fliegen, damit sie sich treffen, ihre Körper aufeinander klatschen und sie sich nie mehr loslassen, weil sie ihre anderen Hälften gefunden haben. Keineswegs macht er dazu Anstalten, verdammt noch mal. Er sitzt weiter mit diesem kapitalen Landei am Tisch und unterhält sich inzwischen ganz versunken. Er hört wohl kaum, wie die füllige Dame um die vierzig auf ihrem Podest den offiziellen Teil des Abends beendet, aber natürlich noch lange nicht den Abend. Es sei ja Sinn der Sache, dass man sich nun noch zwanglos durchmische und die eben begonnenen Bekanntschaften fortsetze und, ha ha, als Topf vielleicht sogar seinen Deckel fände. Die Räumlichkeiten und die Bar stünden zur Verfügung und sie wünsche allen noch einen angenehmen weiteren Verlauf.

Christiane hat keine Lust auf einen weiteren Verlauf. Jedenfalls nicht hier. Eigentlich ganz schön, der Blick runter auf den nun dunklen Neckar, aber dass sie nur wegen dieses Panoramas noch bleiben will, glaubt sie sich selber nicht. Trotzdem, sie muss Zeit schinden. Sie schlendert zur Bar. Einen Prosecco. Den gibt es sogar.

Der mit dem Personalmanagement in Panama schlendert ebenfalls herum. Sie sucht seinen Blick. Er kommt.

„Na, wie fanden Sie es?", sagt er. Und ohne die Antwort abzuwarten: „Ich glaube, wir haben uns in der Hitze des Gefechts gar nicht vorgestellt. Ich bin der Lothar, sagt er. Der Prosecco geht selbstverständlich auf mich."

Für ein Weilchen bleibe sie noch, aber nicht für so lange. Sie hält ihn auf Distanz, nutzt ihn als Alibi hier am Tresen. Das Gespräch stockt und stottert wie ein Viertakter mit kaputter Zündung und sie muss aufpassen, ihn nicht zu sehr zu langweilen, denn seine Augen suchen schon den Raum ab, ob er nicht noch etwas Besseres vor die Flinte kriegen könnte.

Etwas Besseres wäre schon da. Die Blonde vom Nebentisch. Zumindest etwas Gleichwertiges, Ebenbürtiges. Aber um die kümmert sich Kinnlade schon. Und der lässt nicht locker. Ein Champagnerkübel wird gerade gebracht. Hilfe suchend schaut die Blonde hoch und ihre Blicke treffen sich. Wie unpassend, denkt Christiane und ist heilfroh, dass die Blonde beschäftigt ist.

So schleppt sich der Abend dahin als rumpelnder Karren auf dem Schotterweg in die Nacht. Sie ist beim zweiten Prosecco und der Alkohol macht sie hellsichtig. Irgendwann ist Feierabend: Der will sie nicht!

Es ist kaum zu glauben. Es ist eine Schande. Es ist so was von traurig, aber sie muss es sich eingestehen: Dieser Georg Stein, dieser Traummann, will sie nicht. Nicht, dass er sie in der letzten halben Stunde ignoriert hätte. Freundlich hat er mal rüber gewunken, und diese Freundlichkeit hat ihr ins Herz geschnitten. Es war ein lässiges, fröhliches „Auf geht's! Amüsieren Sie sich gut!", was da herüber geflattert kam. Und plötzlich wusste sie, dass sie hier sofort verschwinden musste. Sofort!

Der Abschied von dem Personalfritzen fällt abrupt aus, fast unhöflich. Sie sei plötzlich so sehr müde, sagt sie lahm. Wahrscheinlich, weil sie heute Morgen noch gearbeitet habe. Und vielen Dank für die Einladung zum Getränk und tschüss. Ab zur Garderobe, dann durch den Gang und um die Ecke zum Fahrstuhl.
Sie hört Stöckelschuhe stöckeln und der verdammte Aufzug kommt nicht. Er ist noch nicht da, als die Schuhe um die Ecke stöckeln. Zu spät. Zu den Schuhen gehört die Person, die sie jetzt am wenigsten sehen will. Oder am zweitwenigsten. Es ist die

Blonde, die Schöne vom Nebentisch. Sie scheint genau so konsterniert zu sein, ihrer Rivalin hier zu begegnen. Aber es geht nicht anders, Rückzug wäre peinlich. Vermutlich wartet Kinnlade mit seinem Champagner darauf, dass sie von der Toilette zurückkommt. Wie zum Hohn läutet ein Glöckchen sehr melodisch über ihnen. Nach Ihnen, oh bitte nach Ihnen. Schließlich treten sie zu zweit gleichzeitig in den Lift und stoßen mit den Armen aneinander.

Parterre. Zwölf Stockwerke tief. So eine Liftfahrt kann länger sein als zehn Minuten mit den Kandidaten am Tisch. Aus den Augenwinkeln mustert Christiane die Blonde. Sie sieht, wie die sie ebenfalls aus dem Augenwinkel mustert. Und sie riecht ihr angenehm dezentes Parfüm. Aber jetzt geschieht etwas Unerwartetes. Sie sind noch nicht über den vierten Stock hinaus, da glänzt in diesem Augenwinkel im Licht der matten Neon-Beleuchtung etwas auf. Eine Träne. Christiane glaubt es kaum. Schon will sie der Nachbarin tröstend über die Wange streichen, ein Impuls. Stattdessen greift sie aber mechanisch in ihre Handtasche und fingert ein Tempo heraus. Der Lift kommt gerade unten an, als die Blonde das Taschentuch annimmt und sich damit die Augen abtupft.

„Entschuldigen Sie. Ganz schön blöd von mir, wegen so einem Kerl das Heulen anzufangen."

Sie stöckeln ein Stück nebeneinander die Straße runter, hohe Absätze haben sie beide. Jetzt kann sich Christiane doch nicht zurückhalten. Sie spürt, wie einsam die andere ist, so einsam wie sie selbst. Und da schiebt sie wie von ungefähr den Arm unter den ihren.

„Das macht doch nichts. Mir ist ehrlich gesagt ebenfalls zum Heulen zumute. Können Sie sich vorstellen, wieso dieser Mistkerl uns beide – sagen wir es offen – hat abblitzen lassen?"

„Vielleicht weil wir solche Zicken sind", sagt die Blonde mit einem schluchzenden Kiekser in der Stimme und drückt dankbar Christianes Hand fest an ihre Taille.

„Meinen Sie, das hat der in der kurzen Zeit schon gemerkt?", fragt Christiane nachdenklich.

Und nach ein paar weiteren Schritten im Licht der Gaslaternen am Neckarufer fügt sie hinzu: „Aber stimmt, er sagte, er habe das Gefühl, er kenne mich schon lange.

Darf ich Sie vielleicht zu einer Currywurst einladen?"

Wolfgang Rill

wurde 1949 in Fulda geboren. Er studierte auf Lehramt in Berlin und im Aufbaustudium Germanistik. Nach mehrjährigem Schuldienst wurde er 1988 Studienrat und von 1996 bis 2002 Lehrer im Rahmen des Mittel-Osteuropa-Programm in Breslau (Polen). Ab 2002 lehrte er an einem Gymnasium in Spandau. Seine schriftstellerische Tätigkeit begann 1987 in der Gruppe um Paul Schuster in Berlin. 1990 erhielt Wolfgang Rill das „Alfred Döblin Stipendium" der Berliner Akademie der Künste und belegte 1993 mit seiner Kriminalerzählung „Vanilleeis mit heißen Kirschen" den zweiten Platz beim „Walter Serner Preis" des Sender Freies Berlin. Neben zahlreichen Veröffentlichungen veranstaltet er Lesungen und Schreibrunden in Berlin, Fulda und Zittau, Argentinien, Namibia, Polen und Thailand und an vielen anderen Orten. 1990 erschien sein Roman „Das wahre Leben des Julian Zederspahn", im Morgenbuch Verlag Berlin.

Helmuth Scheel

BLATT GOLD

Marika

Da glotzten sie, als sie sich das erste Mal an den Tisch in der Küche setzte und ihre drallen Brüste auf den Tisch legte. Der Bauer, sein Sohn und Jimmy der Knecht. Da grinsten sie, als sie fragte, ob sie bei der Ernte helfen könne. Ja, sagten sie und spielten von nun an in ihren Brüsten. Der Bauer, sein Sohn und Jimmy der Knecht. Und als die Ernte vorüber war, sagten sie, sie würden sie auch im Winter brauchen.

Es dauerte keine drei Wochen, und alle drei wollten sie heiraten.

Der Bauer, dem seine Selige den Hof nur als Vorerben vermacht hatte, bis der Sohn heiraten würde, und der auch im Bett seine Kniestrümpfe nicht auszog.

Der Sohn, Profirennradfahrer und Hochfrequenzliebhaber.

Und Jimmy der Knecht, der Schwarze aus Alabama mit dem breiten Grinsen und dem dicken Schritt, der sein Leben riskierte für Sauerkraut und Würstel.

An Martini war es dann so weit und sie spürte, dass ihre Umstände andere geworden waren.

Da lächelte sie und ging zum Bauern. Und als er in ihren Brüsten spielte, sagte sie, dass sie ein Kind von ihm erwarte. Wenn er nichts verrate, werde sie seinen Sohn heiraten und sein Kind und ihre Brüste wären immer für ihn da.

Dann lächelte sie und ging zum Sohn. Und als er in ihren Brüsten spielte, sagte sie, dass sie ein Kind von ihm erwarte und ihn an Weihnachten heiraten werde.

Dann lächelte sie und ging zu Jimmy. Und als er in ihren Brüsten spielte, konnte sie ihm nichts von dem Kind sagen und vertröstete ihn wie immer auf das neue Jahr.

Am Samstagmorgen kam es, wie es kommen musste. Jimmy erfuhr, dass der Sohn sie heiraten werde. Da wünschte Jimmy dem Sohn die Pest an den Hals und schlug ihn stehend k.o. Weswegen der Bauer Jimmy rechts und links seine derbe Rechte verpasste und Jimmy wehrte sich nicht. Weswegen der Bauer Jimmy auftrug, die Rennräder des Sohnes zu putzen und Jimmy wehrte sich nicht.

Am Sonntagmorgen passierte es dann. Der Sohn fuhr die Straße vom Hof hinunter ins Dorf. Die Straße war leicht feucht. Und er fuhr nicht in die Spitzkehre, sondern mit voller Fahrt geradeaus in den tiefen Bachgraben. Dem Rennrad passierte lächerlich wenig, aber er brach sich das Genick an einem Weidenstamm.

An diesem Abend ging sie zum Bauern. Und als er in ihren Brüsten spielte, sagte sie, dass sie ihn an Weihnachten heiraten werde.

Zu Jimmy konnte sie nicht gehen. Der saß in Untersuchungshaft. Man hatte festgestellt, dass beide Bremszüge ausgehängt waren. Und so sehr Jimmy auch seine Unschuld beteuerte, er hatte ein Motiv. Und als Letzter das Fahrrad in seinen Händen gehabt und Fingerabdrücke hinterlassen.

An Lichtmess saß er im Zuchthaus.

Drei Wochen vor Johannis wurde sie immer unruhiger. Ihr Bauch war so dick geworden, dass der Bauer nicht mehr in ihren Brüsten spielen konnte. Da ließ sie ihn schon am Freitagmorgen in ihrem Mund spielen. Und nachmittags mischte sie ein Viertel Wodka in sein Schwarzbier. Als er eingeschlafen war, schloss sie die Fensterläden der Schlafstube und verriegelte die Türe von außen, riss den Telefonanschluss im Flur heraus, ließ aus den Fahrzeugen in den Remisen Benzin aus und zerstach Reifen. Spülte das Handy des Bauern das Klo hinunter. Steckte die Sparbücher und die Kreditkarte des Bauern ein und fuhr mit seinem Audi nach Prag. In Prag kaufte sie für 50.000 Euro Schmuck. Aber in Breslau war die Kreditkarte gesperrt. An die Sparbücher kam sie nicht heran, wie sich in Warschau herausstellte.

Nun war sie befreit von ihrem Druck und brachte ohne Umstände ein gesundes Kind zur Welt. Mit kaffeebrauner Haut und Kraushaar.

Als der Bauer auf ihre Scheidungsbriefe nicht einging, tauchte sie an Matthäi mit drei Brüdern auf. Und besuchte Jimmy im Zuchthaus. Gab eine eidesstattliche Erklärung ab, dass Jimmy unschuldig sei. Sie habe gesehen, wie der Bauer in der Nacht an allen Fahrrädern seines Sohnes die Bremszüge ausgehängt habe, natürlich ohne Abdrücke zu hinterlassen.
Er habe ihre Brüste nicht teilen wollen.
Die Kripo staunte nicht schlecht. Aber der Bauer hatte ein Motiv.

Da grinste Jimmy und nahm sie mit nach Alabama.

versponnen

1

so lange
sagte die raupe
habe ich an mir gearbeitet
um diesen meinen schönen lebensstil zu finden
und nun soll ich
auf meine alten tage
noch schmetterling werden

2

will ich hier wirklich weg
fragte die raupe
von diesem wunderbaren platz
mich durchzufressen

3

ein flatterhaftes wesen
sagte die raupe
liegt mir überhaupt nicht
eher
spinne ich mich ein

4

nein
sagte die raupe versponnen
ich bleibe was ich bin
ja
sagte die raupe versponnen
ich bleibe was ich bin
auf alle fälle
sagte die versponnene raupe
habe ich mich schon lange nicht mehr
so jung gefühlt

5

als raupe
sagte der schmetterling
musste ich alles mal mitgemacht haben
wie klein
waren doch damals
meine großen wünsche

wirklich

ob ich wissen kann
dass ich weiß
weiß ich nicht

dass ich nicht wissen kann
ob ich nicht weiß
weiß ich

im wissen und nichtwissen
ist das wissen vom nicht und nicht

das ist wirklich
ein wissen vom und

gegen den krieg

sicher

wir müssen
den toten soldaten
in die augen sehen
auf ihre leiber
ihre hände und füße
um sagen zu können
wie sicher wir sind

Helmuth Scheel

Der 1956 in Bad Reichenhall geborene Kinderarzt - wegen Sehbehinderung im Vorruhestand - lebte lange Zeit in Wangen im Allgäu, dann in Leipzig und schließlich Berlin-Schöneberg. Seit 2000 veröffentlicht er Gedichte und Kurzgeschichten. 2013 erschienen zwei seiner Kurzkrimis in „Giftmorde" und „Stammtischmorde 2" im fhl-Verlag Leipzig. Die vorliegenden Texte sind Teil einer Sammlung von Kurzgeschichten und Gedichten mit dem Arbeitstitel „persönliche Wertsachen".

Maximillian Volkmann

UNTERWEGSGESCHICHTEN

Die Fahrt nach Bagdad

Er spricht nicht. Das kommt selten vor bei Naphti, der sonst immer weiß, wie er mich unterhalten kann. Die grauen Häuser der kleinen Stadt bedecken die Berge wie eine dicke Schicht Schmutz und der Staub der Wagen verwischt die Sicht auf die Straßen. Die Menschen fahren nach Bagdad, suchen dort nach einer Beschäftigung für den Tag.

Es ist der 3. Juli, wir sind achtzehn und neunzehn Jahre alt und gehen seit fünf Jahren arbeiten. Naphti ist Angestellter in einem Supermarkt gewesen, bis amerikanische Soldaten das Viertel besetzt haben. Jetzt lebt er wieder bei seinem Großvater. Ich habe ihm angeboten, bei mir zu wohnen. Wir beide wussten aber, dass ich das Geld nicht habe.

Naphti liegt rücklings da, das linke Bein ausgestreckt und das rechte angewinkelt. Beide Ellenbogen neben den Schulterblättern aufgestützt, blickt er aus dem Schatten des Berghanges heraus ins Tal, das die aufgehende Sonne rötlich färbt. Der Anblick ist mir seit meiner Kindheit vertraut.

Es bebt im Tal hinter uns, der Donner rollt die Berge hinauf, erklimmt die Kämme und Gipfel, bricht nicht, überspült die Kanten und die Stelle, an der wir sitzen, umfasst uns und erstickt unsere Gedanken, ergießt sich ins Tal, jagt die Straßen entlang, verläuft sich und benetzt nur leicht die verschwommene Silhouette unseres Berges, die die Sonne auf das gegenüberliegende Massiv wirft.

„So früh schon", sagt Naphti. „Kannst du reden?"

Stille.

„Vielleicht sehen wir's nachher über den Kämmen qualmen, wenn wir runter gehen."

„Nein, dann brennt's nicht mehr."

Naphti steht auf. „Dann lass uns jetzt runtergehen. Ich will wissen, ob es was Großes war."

Es ist groß, das wissen wir. Er nimmt es als Vorwand. Wir beenden unser Frühstück.

Auf halbem Wege ins Tal müssen wir einen Kontrollposten passieren. Zwei Soldaten stehen am Rand der Straße und bewachen eine Schranke. Sie sind staubig, verdreckt, Teil der Umgebung. Ihre beige-braunen Tarnanzüge könnten jeder Farbe gewesen sein, nun sind sie unkenntlich.
Einen der beiden kenne ich. Es ist Curtis. Er hebt den Kopf und sieht uns müde entgegen, als wir in unseren Sandalen die Straße herabschlittern.

„How's your mom?"

„Better", antworte ich. „She gets my brother's pension."

„Oh. Tell her 'get well' from me", sagt er und sieht mich an.

Wir ducken uns unter der Schranke hindurch und gehen weiter in Richtung der ersten Häuser. Reste von Asphaltierung mischen sich zwischen die nun ungemachte Sandpiste unter unseren Füßen wie Inseln im Meer. Wir nähern uns dem „Festland" und klettern durch einen Krater in der Straße, der hier vor drei Jahren im Krieg geboren wurde.

„Kannst du dich erinnern, wie der Truck hier stecken geblieben ist und wir losgelaufen sind, um den Amis aus dem Loch zu helfen? Und wie die uns Kinder in der Aufbaupolizei haben wollten?", frage ich.

Naphti weiß es noch. Und er kann sich auch daran erinnern, wie die Behörden bei der Überprüfung unserer Herkunft auf den Namen meines Bruders stießen.

„Ich geh noch mal bei meiner Mutter vorbei", sage ich und biege schon in die Straße ein, als er meinen Arm festhält und mich herumdreht. Er steht, das Gewicht auf dem einen Bein, das andere nur auf dem Ballen, und der Schatten des knorrigen Olivenbaumes masert unsere Gesichter.

„Du bist stark in dem, was du tust. Wenn du bestehst, wirst du belohnt. Glaube ist nicht Leiden. Das ist unsere Prüfung. Für uns heißt Glaube Handeln."

„Ich bin da", sage ich.

„Dann grüß Deine Mutter."

Sie liegt im Bett und hat die Augen geschlossen. Es piept monoton. Das Geräusch des Beatmungsgerätes schwillt an und ab. Regelmäßig hebt sich ihre Brust. Ihre Augen bleiben geschlossen. Der Vorhang ist noch zugezogen, und nachdem ich den Raum betreten und sie kurz betrachtet habe, gehe ich zum Fenster, um das Zimmer dem Morgen zu öffnen. Der Lärm der Straße dringt von fern herauf, und vereinzelt hört man Vögel singen. Ich setze mich neben sie. Ihre Hand liegt unter der meinen und so vergeht ein Moment.

„Versprich mir, dass es so ist, wie Jamir es prophezeit hat. Er hat immer gesagt, dass er für uns nach Israel geht. Für die Familie. Glaub mir, für dich ist gesorgt, ich habe die Überweisungen auf Malar übertragen. Er kümmert sich um dich, solange ich weg bin. Wir seh'n uns wieder."

Schweiß steht auf ihrer Stirn. Ich nehme einen feuchten Lappen und betupfe Kopf, Hals und Arme. Dann ziehe ich das Laken zurecht und halte inne.

„Curtis möchte, dass es dir besser geht. Er macht sich Sorgen. Ich glaube, er weiß, dass es nicht seine Schuld war. Hoffentlich erwischt es niemanden, wie ihn. Verzeih mir. Sei stolz auf mich."

Die Sonne steht bereits im Zenit, als wir uns auf dem Platz hinter seinem Haus treffen.

„Hast du alles?", frage ich.

Und ohne den Blick von meinen Augen zu lösen, greift Naphti in seine Tasche, fasst meinen Arm und drückt mir den Autoschlüssel in die Hand.

„Lass uns beten."

Wir betreten die kleine Kammer und beugen das Haupt. Naphti versenkt sich in die Worte. Seine Trance ist so oberflächlich wie seine Ruhe. Er ist nervös, und in Gedanken bei meinem Bruder.

Wir fahren die Straße Richtung Bagdad. Nach wenigen Stunden erreichen wir die ersten Häuser eines Vorortes. Wir geraten in das Kissen aus Staub, das sich gegen Mittag über die Stadt legt und mit der Glut im Backofen zu verschmelzen scheint.

Ein Bus lädt Kinder ein, um sie von der Schule nach Hause zu fahren. Die Luft steht und der Lärm der Dinge verblasst in der Sonne, ausgeblichen wie die Farben neben der Straße.

Ich blicke nach vorne, als sich die Barriere vor uns abzeichnet. Der Schulbus fährt hinter uns und verlangsamt.

„Du weißt, warum", sagt Naphti und streichelt meinen Arm. Er zittert.

„Du weißt, ich ..."

Ein Soldat an der Schranke sieht hoch und ich meine, so etwas wie Verwunderung im Gesicht eines Jungen zu sehen, der neben zwei Klötzen aus Beton am Boden spielt.

Ich drücke den Knopf.

Keine Mitleiden, das ist Sparta

Ich laufe auf der linken Seite der Liege, die von einem Pfleger in den Hauptbehandlungsraum der Ersten Hilfe geschoben wird. Auf der anderen Seite geht Dr. Felipe Hirasaki, einer der Residentes[2], dem ich in dieser Nacht assistieren werde. Er spricht mit den beiden Polizisten, die uns folgen, während er eine Mullbinde auf die blutende Stirn des Mannes auf der Trage presst. Die mir zugewandte Seite des verletzten Gesichtes ist unter einer Wärmedecke verborgen.

Es ist mein erster Nachtdienst im „Hospital das Clinicas" in São Paulo, ich bin seit sieben Wochen im Land und seit einer Stunde in der „Ersten Hilfe". Die Uhr zeigt Viertel vor acht, draußen herrscht tiefschwarze Nacht. Wir schieben die Trage in eine Ecke des rund dreißig Quadratmeter großen Raumes, in dem bereits vier weitere stehen. Auf dem Boden verstreut liegen aufgerissene Plastikverpackungen. Unser Tross hinterlässt auf dem Fußboden Blutlachen.

Auf den anderen Tragen liegen die Opfer zweier Autounfälle und eines Treppensturzes, sowie ein neunjähriger Junge mit großen braunen Augen und Hasenzähnen, der vom Pferd gefallen ist. Der Flur vor dem Hauptbehandlungsraum dient gleichsam als Wartezimmer. An die fünfzig Menschen jeden Alters stehen und sitzen hier oder liegen auf Betten. Die meisten haben Schädel-Hirn-Traumata erlitten, einige winden sich in Bauchschmerzen, andere haben offene Brüche.

Der Pullover des Mannes auf unserer Trage ist rot durchtränkt. Das Blut ist in breiter Spur bis zum Bund der Jeans hinun-

---

[2] Arzt des 1.-3. Jahres der Facharztausbildung

tergelaufen und auf die Unterschenkel und Schuhe gespritzt. Die Hosen sind mit großen bräunlichen Schlammflecken verschmutzt.

„Nimm die Schere, schneid das Hemd und den Pullover weg!", befiehlt mir die Schwester in breitem Paulista Dialekt[3] und macht sich mit einem Skalpell am Hosenbein zu schaffen.

„Zugang und Dipiron! Und davon jede Menge", ruft Felipe in den Raum.

Eine andere Schwester fühlt sich angesprochen und gesellt sich gemächlichen Schrittes zu uns. Sie geht am Nebenbett vorüber, auf dem der kleine Junge mit den Hasenzähnen und der Gehirnerschütterung liegt. Er kotzt von beiden Seiten seiner Liege herunter.

Felipe, den ich bereits aus dem Stationsdienst kenne, ist Brasilianer japanischer Abstammung. Er steht im zweiten Jahr seiner Chirurgie-Facharztausbildung.
Bei unserer ersten Begegnung hatte er mir stolz erzählt, dass er eine deutsche Schule besucht und neun Jahre lang unsere Sprache gelernt habe.

„Ich mage gerne blonde Frauen!", vertraute er mir an, womit er in Brasilien nicht allein dasteht.

Ich schiebe Pullover und T-Shirt hoch. Ein weißer Oberkörper wird sichtbar, unsportlich, aber nicht schmächtig, wenig behaart und dem Anschein nach unversehrt. Arme und Hände vibrieren. Ich lege meine Hand auf eine Schulter, das Zittern hört auf.

---

[3] Dialekt der Region São Paulo mit vielen R-Lauten, wie wir es aus dem amerikanischen Englisch kennen.

„Körper gecheckt. Keine Krepitationen im Becken, keine freie abdominelle Flüssigkeit im FAST[4], Extremitäten in Ordnung", erklärt Felipe in die Runde.

Ich ziehe den Pullover des Mannes, soweit ich kann herab und beginne ihn zu zerschneiden. Sein Gesicht ist mit blutigen Mullbinden vollständig bedeckt, und während ich meinen Kopf tief zur Brust des Mannes herabbeuge, um beim Schneiden auch unter den Pullover blicken zu können, wimmert es „Aii, aii, aiii!" aus dem verklumpten Mullbindenhaufen heraus.

Die Schwester steht auf der anderen Seite der Liege und hält das Kleidungsstück unter Spannung. Felipe drückt sich hinter mir an der Wand vorbei, der Stoff des Pullovers reißt jetzt ein. Noch immer über die Liege gebeugt, zerschneide ich nun das eng anliegende T-Shirt. Ich konzentriere mich darauf, mit der spitzen Schere seine Haut nicht zu verletzen.

Felipe löst die rot durchtränkten, schweren Mullbinden vom Gesicht des Mannes und wirft sie auf seinen Brustkorb.

Der Kopf liegt nun frei. Ich richte mich auf und erstarre.

In dem roten Klumpen suche ich nach Gesichtszügen, während in meinen Ohren die Geräusche der Umgebung verebben und ich nur noch meinen Herzschlag höre.

Aus der Mitte des Fleischbreis ragt die Nase empor, etwas weiter oben erkenne ich die Reste einer Stirn. Darüber eine durch geronnenes Blut und Schmutz in Form gehaltene Sturmfrisur.

Wo die Augen zu erwarten sind, sehe ich nur schwarze Kruste, die die Mulde zwischen Brauen und Wangen ausfüllt. Die Haut ist über und über rot-schwarz verklebt. Ohne die Farbe des Körpers könnte das Gesicht auch einem Schwarzen gehören. Die Stirn ist von mehreren quer verlaufenden Platzwunden zerrissen. Die Haut klafft zerfetzt auseinander und legt den Blick auf

---

[4] Ultraschall

Knochen und Muskelgewebe frei. Halb mit Koageln[5] gefüllt, halb blutend nährt die größte Furche einen Strom, der die linke Schläfe herabrinnt und sich mit anderen roten Bächen vereint, die von der Wange, dem Jochbein und dem linken Ohr herabrieseln.

Die Mundwinkel zittern, Oberlippe und Philtrum sind fast bis zur Nase gespalten. Aus den Nasenlöchern quillt rötlich durchtränkte Gaze. In der Luft liegt ein eiserner Geruch, wenn der Mann ausatmet. Er muss viel Blut im Mund- und Rachenraum haben.

Nun kommt eine Ahnung von Spannung in den Brustkorb, die Lippen öffnen sich, er möchte sprechen. Voller Furcht, mit einer Ladung glibberigen, schwarzen Koageln angehustet zu werden, beuge ich mich zu seinem Gesicht herab.

„Bruder Jakob! Bruder Jakob! Schlafst du noch? Schlafst du nooch?", plärrt Felipe in diesem Moment von hinten in meine Ohren. Er grinst breit. „Ich habe gerlernen in der Schule diese musica."

Ich richte mich auf und lege die Schere ab.

„Weißt Du, wie man näht?", fragt er, nun wieder auf Portugiesisch und knallt einen Kasten mit sterilem Besteck neben dem Mann auf die Liege.

Zwei Schwestern haben begonnen, physiologische Kochsalzlösung auf die zermatschte Masse laufen zu lassen und sie abzuschrubben. Unter den Kopf haben sie Tücher gebettet, die die Flüssigkeit absorbieren.

---

[5] Blutgerinnsel

„Ja! Also, eigentlich nein. Natürlich weiß ich, wie man näht, wie man Schweinehaut flickt. Wunden, bei denen man erkennen kann, wo die Ränder liegen."

„Dann lernst du jetzt, wie man Plazenta näht!", gackert eine Schwester, während sie sich mit den Händen voller rötlicher Gazen zwischen mir und der Wand hindurchdrängt und mich mit einem soliden Hüftschwung halb auf die Liege befördert.

Ein paar Minuten später ist die gröbste Kruste entfernt, das Gesicht des Mannes taucht auf. Ich schätze ihn auf dreißig Jahre. Gemeinsam mit Felipe schiebe ich seine dunkelblauen Augenlider auseinander, die so zugeschwollen sind, dass wir, nur mit äußerster Mühe, für ein paar Sekunden seine Pupillen erkennen können.

Panik und Verwunderung stehen in seinen Augen. Aus der Tiefe des zerschundenen Lebens blickt uns ein Mensch entgegen.

„Meister, du musst uns helfen, mach weiter auf!", schreit Felipe den Fleischklumpen unter uns an.

Er prüft die Pupillen mit einem Augenspiegel.

„Ja, ich weiß, das tut weh. Aber du weißt auch, dass wir das trotzdem machen? Isokor[6] und lichtreagibel! Wunderbar!"

Er beugt sich zu mir und sagt sachlich: „Seine beherzte Art, uns mit beiden Armen vom Tisch fortzudrängen, bringt Punkte in der neurologischen Bewertung."

---

[6] Auf beiden Seiten gleich große Pupillen.

Ich streife sterile Handschuhe über und decke die Umgebung des Gesichtes mit einem Lochtuch ab. Felipe hält mir die Lidocain Flasche hin, damit ich das Lokalanästhetikum steril aufziehen kann. An einer kleineren Platzwunde zeigt er mir, wie man das Wundbett unterspritzt. Mit seinen sicheren Bewegungen braucht er dafür keine zehn Sekunden.

Ich erinnere mich an die Worte meines deutschen Tutors, der uns, über Schweinehaut gebeugt, das Nähen von Platzwunden zeigte: „Den Wundgrund nach Fremdkörpern inspizieren. Zum Beispiel nach Erbrochenem! Erst dann den einen Rand mit der Pinzette anheben, von außen nach innen durchstechen. Faden durchziehen. Dann den anderen Rand hochhalten und von innen nach außen durchstechen. Darauf achten, dass sich die Wundränder schön adaptieren."

Mir gegenüber steht Felipe, in der einen Hand den Nadelhalter, in der andern die Pinzette. Seine Handschuhe sind bis zu den Handgelenken blutig. Das blaue Lochtuch hat sich von herablaufender Körperflüssigkeit violett verfärbt. Felipe näht.

Neben uns wird ein neuer, wimmernder Autounfall mit offener Unterschenkelfraktur hereingeschoben. Die Schwester legt ihm einen intravenösen Zugang und verdrängt Felipe mit ihrem breiten Hinterteil von seinem Platz am Kopfende des Bettes. Der Japaner aber bleibt an der Wunde dran wie der Mond an der Erde. Um uns herum bewegt sich alles, doch Felipe klebt am Kopf des Mannes, näht wie eine Nähmaschine.

Als ich die Nadel zur Lokalanästhesie einsteche, zuckt der Oberkörper des Mannes, bewegt sich zur Seite. Er flucht. Felipe greift mit beiden Händen fest zu und fixiert den Kopf. Für einen Moment treffen sich unsere Blicke.

„Max! Sem misericordia! Como se fala em alemao?[7] Keine Mitleiden?"

„Kein Mitleid!"

„Gut! Sehr gut! Kein Mitleiden!"

Ich fühle, wie mir geheißen. Bei den ersten Stichen an der Schläfe zögere ich noch. „Kein Mitleiden!", wiederhole ich und steche zu. Ziehe den Wundrand weit hoch, wische mit einer sterilen Gaze durch die Wunde, die immer wieder mit Blut vollläuft.

„Jaaa", bekräftigt mich Felipe. „Sehr gut! Genau so! Du bist ‚The Man!' Das ist Spaaarta!"

Wir lachen Tränen. Gemeinsam stimmen wir das Lied „Der Hahn ist tot an", und schließen Wunde um Wunde.

Der Junge mit den Hasenzähnen hat aufgehört, sich zu übergeben und ist erschöpft eingeschlafen. Felipe stößt ihn mit dem Ellenbogen an. Mit einem Schrei fährt der Kleine auf, die Mutter stürmt ins Zimmer.

„Er darf nicht schlafen, weil wir sonst nicht wissen, wie es ihm geht!"

Ich nähe weiter. Der Tragus[8] des linken Ohres hängt herab und nach kurzer Beratung lassen wir für die Versorgung des Knorpels einen plastischen Chirurgen herbeirufen. Insgesamt setzen wir fünfzig Stiche. Bei einem Abstand von einem Zenti-

---

[7] Wie sagt man das auf Deutsch?
[8] Kleine Knorpelmasse an der Ohrmuschel, kurz vor dem Gehörgang die oft ein Haarbüschel trägt.

meter zwischen zwei Stichen bedeutet das insgesamt fünfzig Zentimeter Wundnähte. Ein halber Meter in einem Gesicht!

Als die Trage den Raum in Richtung Tomografie verlässt, finde ich das erste Mal Zeit, auf den Einweisungszettel zu blicken: Alter 29 Jahre, Schädel-Hirn-Trauma, Vitalparameter im Krankenwagen stabil. Ich suche nach der Art des Unfalls.

„Der Mann ist doch wahrscheinlich vornüber durch eine Scheibe oder in einen Spiegel geflogen", mutmaße ich.

Die Schwester dreht den Kopf, sieht mir in die Augen und schweigt. Ich blicke wieder auf den Zettel. In krakeliger Schrift steht ganz unten geschrieben: „Agreçao física. Körperliche Gewalt".

Es rauscht in meinen Ohren. Ein kalter Ring legt sich um meine Brust. Die Schwester erklärt mir, es habe Streit um eine Frau gegeben. Man sei in einer Bar mit zerbrochenen Glasflaschen aufeinander losgegangen. Danach habe das Opfer sich noch in eine Nebengasse geschleppt und sei dort gefunden worden.

„Wie lange bist du schon hier?", fragt sie. „Sieben Wochen? Kennst du die Rua Augusta, kennst du die Strände? Ja? Gut, dann lern auch das hier kennen! Seja bem-vindo: Herzlich willkommen!"

Den Rest der Nacht verbringe ich mit verletzten Alkoholikern und Verkehrsopfern. Eine kleine Asiatin, die gerade ihre ersten Erfahrungen mit Alkohol macht, liegt würgend und wimmernd in den Armen ihrer Mutter.

Die chirurgische Notaufnahme ist eine schockierende, fremde Welt. Wie ein Lichtfilter, den nur bestimmte Frequenzen passieren können, lässt die Eingangstür des Krankenhauses in der Nacht nur diejenigen hinein, denen Extremes widerfahren ist.

Während die meisten Menschen der Stadt ruhig schlafen oder sich friedlich und ausgelassen auf Partys amüsieren, spülen die Krankenwagen neben den akut Erkrankten eine Fülle von Übermütigen, Leichtsinnigen und Misshandelten in den Behandlungsraum. Sie sind oft Opfer menschlicher Entgleisung. Doch die meisten sind Opfer ihrer selbst.

Dem Krankenhauspersonal kommen Rollen zu, die in blitzschneller Folge zwischen Löwenbändiger und Moderator hitziger Talkshows, zwischen Mutter auf einem Kindergeburtstag und Seelsorger wechseln.

Treffen die Angehörigen eines tödlich Verunglückten ein, herrscht tiefer Ernst. Einem Patienten hingegen, der sich „versehentlich auf eine Mokkatasse gesetzt" hat, die ihm nun aus dem Rektum entfernt werden muss, helfen die aufmunternden Sticheleien am ehesten über die Peinlichkeit hinweg.

Die wahre Geschichte unseres Mannes, den wir stundenlang zusammengeflickt haben, ist eine andere, als die, die er auf dem Weg ins Krankenhaus berichtet hat. Laut Polizeibericht hatte er sich von einem Prostituierten in einer Nebenstraße bedienen lassen und ihn dann um die Bezahlung geprellt.

Ich finde es tröstlich, dass er nicht ganz schuldlos an den grauenvollen Misshandlungen war, die ihm widerfahren sind.

Am Morgen ist unser Mann nach der Tomographie auf die chirurgische Station gebracht worden. Der frakturierte Autounfall wird gerade operiert. Der Junge mit den Hasenzähnen und die traumatisierten Patienten liegen im Beobachtungsraum. Sie werden vermutlich am Vormittag nach Hause gehen können.

Als ich um sieben Uhr das Krankenhaus verlasse, finde ich eine Nachricht auf meinem Handy: „Ich gehe grade zur Uni. Wie war Deine Nacht? Schlaf dich aus. Hab Lust, Dich heut Abend zu sehen!"

Ich antworte: „Die Nacht war schrecklich. Und wunderbar. Wunderbar und schrecklich. Lass uns nachher wunderbar ausgehen. Freue mich schrecklich auf heute Abend."

Maximillian Volkmann

1988 in Berlin geboren. Schule, Abitur an einem altsprachigen Gymnasium, Studium der Medizin in Budapest und Würzburg. Seit 2014 Arzt, 2016 Promotion. Absolviert zur Zeit seine Facharztausbildung in einem Berliner Krankenhaus. Die erste hier veröffentlichte Geschichte („Die Fahrt nach Bagdad") schrieb er mit 18 Jahren. Die Zweite („Keine Mitleiden, das ist Sparta") entstand während eines viermonatigen Praktikums in São Paulo, Brasilien, 2013.

Peter Volkmann

MEHRINGPLATZ

An dieser Stelle befand sich einst der Belle-Alliance-Platz. Der Name erinnerte nicht nur an das Kriegsbündnis Preußens, Russlands und Englands gegen Napoleon. In ihm klingen auch die Belle Époque und die Gründerzeitarchitektur der Jahrhundertwende an.

Während ich den Platz überquere, sehe ich die alten Kaiserbauten vor meinem inneren Auge: Loggien im Renaissance-Stil, kräftige Balkone getragen von dorischen Säulen oder jungen Frauen mit schönen Oberarmen und schwellenden Brüsten, den Horen. Eckhäuser, gekrönt mit Türmen, gegründet auf kräftigem Rustika-Mauerwerk. Pilaster, große Säulenordnung, korinthische Kapitele, schmiedeeiserne Balkongitter, ausladende Stuckornamente.

Schöner ist in Berlin nie gebaut worden, als in dieser Zeit. Weder vorher noch nachher.

Die Mitte des alten Platzes bildete damals ein kleiner Park, auf dessen geharkten Wegen Mädchen Hopse spielten und Jungen Holzpferdchen ritten. Gouvernanten und Ammen saßen plaudernd auf Bänken.

Und mittendrin, hoch über allem eine große schlanke Granitsäule, auf der die Siegesgöttin Viktoria einen Lorbeerkranz zum Himmel erhob.

Geblieben ist von all dem fast nichts mehr. Erst ebneten die Bomben des Zweiten Weltkrieges die Kaiserbauten ein, dann kam der Bauhausarchitekt Scharoun und mit ihm ein Ringwall aus mehrstöckigen Wohnhäusern, die das verlorene Säulchen heute umzingeln und überwuchern.

Verschwunden sind die Gouvernanten, die geharkten Wege, die Horen und der alte Name.

Geblieben: nur noch die Säule, die Göttin und die Jugendlichen.

Diese hängen heute, Zigaretten rauchend auf Bänken und in Hausaufgängen rum und sind online. Ihre flinken Zeigefinger wischen über die Handys.

An ihnen schiebe ich mich vorbei, um zu dem Haus mit der Nummer 5 zu gelangen.

Nähe Mehringplatz, 16. Stock, Yildirim.

Die Schalbetonwände des Hochhauses haben eine schmierige Patina aus grünlichen Algen angesetzt. Wie in einer modernen Installation, hängen Dutzende von Parabolantennen an der Fassade, blicken einem geheimen Kommando folgend alle in eine Richtung.

Am Eingang ein riesiges Klingeltableau, 16 Zeilen mit je 20 Namen. Gesplittertes Türglas in einem Rahmen aus eloxiertem Aluminium.

„Ja?", schnarrt es aus dem Lautsprecher.

„Der Arzt", sage ich.

Scheppernd schlägt die Tür hinter mir zu. Der Flur innen mit Graffiti beschmiert. Die Briefkästen lädiert: zwei Deckel eingeschlagen. Der Boden mit verstreuter Reklame bedeckt.

Breiter Doppelfahrstuhl, innen gelochtes Alu-Gitter, Halogenlampen, die Glasfläche des Spiegels zerkratzt, das Plastikschild für den 11. Stock durch ein Feuerzeug verkohlt.

Auf der Fahrstuhltür steht mit schwarzem Edding geschrieben:

„Ich fick seine Mutter, der hier pisst."

Rumpelnd setzt sich der Fahrstuhl in Bewegung.

Die Tür öffnet sich zum 16. Stock, links und rechts gehen Gänge ab. Niemand, der mich abholt. Ich wende mich auf gut Glück nach rechts, passiere endlose Türfolgen, versuche kleine Namensschilder zu entziffern, die im Halbdunkel des Flures fast unlesbar sind. Rechts findet sich nichts. Dann nach links, dort dasselbe, schließlich entdecke ich eine halbe Treppe tiefer einen Laubengang. Irgendwo am Ende der Name „Yildirim". Vor der Tür viele Schuhpaare ordentlich aufgereiht, in der Ecke ein Fahrrad, drei gefüllte Abfalltüten.

Ich klingle, ein Mädchen öffnet. Vielleicht dreizehn Jahre alt, blaues seidenes Kopftuch, begrüßt mich knapp, schaut mich nicht an. Unaufgefordert ziehe ich meine Schuhe aus, ich kenne das schon.

Das Mädchen verschwindet im Halbdunkel des Flures. Ich folge ihr. Die Maisonette Wohnung hat viele Zimmer, aus allen Türen strömen Kinder, rennen herum, starren mich neugierig an. Frauen mit Kopftüchern tauchen auf und sind wieder weg.

Aus einer geöffneten Tür schlägt mir Zigarettenqualm entgegen. Der Raum ist voller Männer. Dunkle Haare, Bärte – sie sitzen auf niedrigen Sesseln um einen Couchtisch. An der Wand ein großer Flachbildschirm. Fußball, man gestikuliert, einige schauen hin, andere debattieren.

Das Mädchen ist in einem der hinteren Zimmer verschwunden, ich gehe ihr nach. Mit mir die Kinder.

An der linken Seite des Zimmers eine Vitrine mit Hochzeitsbildern. Silberrahmen, bestickte Schmuckpantoffeln, Sträuße aus Plastikblumen. An der rechten Seite hängt das große Bild eines jungen Mannes im Pilgergestus.

Dicht hinter der Tür liegt eine Matratze auf dem Boden. Auf ihr eine Frau unbestimmten Alters. Weiter langer Rock, darunter eine aufgeplusterte Stoffhose. Pullover und Kopftuch.

Ihr gegenüber eine halb geöffnete Schiebetür, dahinter ein weiterer Raum. Ich erblicke ein niedriges Regal voller DVDs. Darauf ein Fernseher: Es läuft irgendein Film - auf Türkisch. Vor dem Bildschirm eine Gruppe von Halbwüchsigen. Ein etwa zwölfjähriger Junge ist über einen DVD-Player gebeugt. Um ihn herum drei Mädchen um die vierzehn bis sechzehn, alle mit Kopftüchern.

„Meine Mutter", sagt das Mädchen.

Ich stelle den Arztkoffer ab und klappe den Deckel auf. Die Kinderschar aus dem Flur, alle zwischen drei und sechs, dringt ins Zimmer ein, umringt mich, schaut mir mit erwartungsvoll aufgerissenen Augen zu, quirlt durcheinander.

„Was hat deine Mutter?"

„Schmerzen überall, ganzen Tag."

Ich ziehe meine Jacke aus, lege sie auf ein niedriges Sofa und knie neben der Frau nieder, die zusammengerollt auf der Seite liegt. In diesem Moment fängt sie an zu stöhnen. Die Kinder drängen neugierig nach vorn.

„Ich muss sie untersuchen, schicke bitte die Kinder raus."

Das Mädchen blickt mich verständnislos an, dann breitet es die Arme aus, ruft „Lütfen dışarı çıkmak" und versucht die Kinderschar aus dem Zimmer zu scheuchen. Die Kleinen ziehen Schnuten und protestieren, schließlich gelingt es ihr aber, sie hinauszuschieben, dann schließt sie die Tür.

Von draußen hört man empörtes Schimpfen und Rufen, jemand kommt an die Klinke ran, drückt sie runter, die ganze Meute drängt wieder hinein, steht um mich herum.

„So geht das nicht, zum Untersuchen brauche ich Ruhe."

Das Mädchen fängt die Kleinsten erneut ein, schiebt sie in den Flur und verriegelt die Tür von innen. Von außen ärgerliches Rütteln, Fußtritte gegen das Holz. Dann Trappeln und Stille.

„Sag ihr bitte, dass sie den Pullover ausziehen soll, ich muss den Blutdruck messen."

„Lütfen çikarinizı kazak."

Die Frau setzt sich auf und zieht den Pullover aus.
Jetzt wird es im Hinterraum laut. Der Junge hat auf ein Videospiel umgeschaltet. Raumschiffe fliegen durch schwarze Unendlichkeiten, Raketen zerfetzen den stählernen Panzer des Star-Wars-Mutterschiffs, Darth Vader atmet rasselnd unter seinem schwarzen Helm.

„Macht bitte aus, ich kann bei dem Krach nichts hören."

Ich lege die Blutdruckmanschette an.
Vom Fernseher her lautes metallisches Surren, Abschüsse, Explosionen. Aufgeregte Kommandorufe. Irritiert blicke ich hoch.

„Ich hatte doch gesagt, dass ihr ausmachen sollt."

Der Junge macht eine unwillige Geste. Die Mädchen stehen herum und blicken zur Seite.

„Sag deiner Mutter bitte, dass ich sie untersuchen muss, sie soll ihren Bauch freimachen."

Das Mädchen übersetzt in knappen Worten, die Frau zieht ihr Hemd hoch. Ich will sie abtasten. Noch bevor ich die Hände auflegen kann, beginnt sie, sich zu krümmen.
Schließlich gelingt es mir, sie mit Gesten zu beruhigen. Ihr körperlicher Befund ist völlig unauffällig.

Sirenengeheul vom Fernseher.

„Jetzt reicht´s aber, macht endlich die Glotze aus."

Ein wütender Blick des Jungen. Genervt stehe ich auf, greife mir die Fernbedienung, drücke auf den roten Knopf. Plötzliche Stille. Böse starrt der Junge mich an, geht zur Tür, öffnet sie und verschwindet. Mit ihm die Mädchen.

„Können Sie Spritze geben?", meldet sich die Tochter.

„Ich muss erst mal ihre Medikamente sehen. Bring mir bitte alle her."

Sie geht weg und kommt mit einem Mann wieder. Scheint der Ehemann zu sein. Er trägt ein Tablett, auf dem viele Schachteln liegen. Meist Beruhigungsmittel, Antidepressiva und Analgetika.

„Die Schmerzen kommen von den Depressionen", versuche ich ihm zu erklären. Verständnisloser Gesichtsausdruck.

„Gibst Du Spritze?"

Ich schaue die Tabletten durch und finde Citalopram, ein Antidepressivum.

„Wie viel nimmt sie davon?"

„´Sch weiß nicht."

Hilflos blickt der Mann zu seiner Frau hinüber.

Das Mädchen fällt ein: „Sind neu, hat noch nicht genommen!"

„Gut, dann soll sie ab sofort morgens eine davon nehmen."

Ich male eine Tabelle auf ein Blatt Papier und trage den Namen des Medikamentes ein.

„Morgen eine Tablette", wiederholt er, „aber du heute Spritze geben gegen Schmerzen."

Das ist keine Frage. Er wird nicht anderes akzeptieren. Keine Chance.

„OK, dann also eine Spritze."

Ich öffne das Ampullenfach und ziehe Nux vomica, ein homöopathisches Antidepressivum auf.

„So, jetzt bitte den Po freimachen."

Das hat die Frau verstanden. Sie zieht ihren Rock herunter. Bevor ich mit der Nadel auch nur in die Nähe ihres Körpers komme, fängt sie wieder an zu jammern. Wehklagen auch beim Spritzen, während der Mann zufrieden zuschaut.

„Jetzt bitte noch die Versichertenkarte."

Die Kleine zischt ab. Ich setze mich an einen niedrigen Couchtisch, fülle meine Papiere aus.

„Sehr schlimm, Doktor?", fragt der Mann besorgt.

Ich blicke überrascht auf. „Nein, nein, nicht schlimm, keine Sorge." Dann packe ich den Koffer zusammen und gehe zur Tür. Die Frau hat sich auf die Seite gerollt und atmet ruhig, als ich den Raum verlasse.

Draußen rennen die Kinder durch die Flure, Frauen huschen aus Zimmern heraus und verschwinden in anderen.

Im Raum der Männer steht es 2:1 für „Galatasaray Istanbul". Man raucht, manche gucken hin, einige debattieren. Niemand nimmt Notiz von mir. Der Ehemann ist verschwunden.

Das Mädchen begleitet mich zur Tür. Ich ziehe meine Schuhe an und verabschiede mich. Sie schließt schnell hinter mir zu. Ich trete in den Laubengang, vorbei an Fahrrad, Schuhen und Mülltüten. Der Fahrstuhl rumpelt hinunter.

Im Flur: verbeulte Postkästen, Graffitiwände, kaputte Eingangstür, riesiges verdrecktes Klingeltableau, grünlicher Schalbeton.

Draußen: Gruppen junger Männer mit Kopfhörern, Bomberjacken. Haare an den Seiten kurz rasiert, oben Bürstenschnitt. Rauchen, abschätzende Blicke, laute, raue Stimmen.

Einer ruft mir nach: „Alles klar, Doktor?"

„Alles im grünen Bereich", antworte ich.

„Roger and over", sagt er und lacht.

Ich gehe auf die Mitte des Rondells zu, wo die alte Säule aus Granit steht. Auch sie mit Farbe beschmiert. Verloren reckt sie sich zwischen den Hochhauswänden empor.

Auf ihrer Spitze tänzelt auf einem Bein über korinthischem Kapitell die Viktoria. Ihr Kleid weht im Wind, sie spannt die Flügel auf, hält in ihrem erhobenen rechten Arm den Lorbeerkranz und bietet ihn mit huldvoller Geste den Satellitenschüsseln zwischen viertem und fünftem Stockwerk an.

Kein Interesse!

Peter Volkmann

wird 1945 als Sohn einer deutschen Emigrantin und eines russischen Offiziers in Moskau geboren. Er verbringt seine ersten vier Lebensjahre im Hotel Lux, dem berühmt-berüchtigten Hotel der Komintern. 1949 siedelt er nach Deutschland, Ostberlin, über. Die Schulzeit verbringt er in Prenzlauer Berg. Nach dem Abitur studiert er Physik in Jena und Berlin und promoviert. 1973 flüchtet er in den Westen, indem er von Rumänien über die Donau nach Jugoslawien schwimmt. In Westberlin beginnt er ein zweites Studium und promoviert in Humanmedizin. Seit 1987 arbeitet Peter Volkmann als in Berlin-Wilmersdorf niedergelassener Arzt für Allgemeinmedizin. 2013 veröffentlicht er sein erstes Buch „So viel Zeit muss sein", im Ullstein Verlag.

Inhalt

Vorwort des Herausgebers...7

LOST IN DAHLEM 9
   Thomas O. A. Beckmann......................................19

KAMPFZONE HAUPTMANNSREUTE.............................21
   Theodor Ebert 29

SCHACH...31
   Daniel Jung..41

IM INNERN DES BAOBABS 43
   Tom Kadiet...53

INSELWERK 55
   Die Flut 57
   Insula 59
   Apfeldiebe 63
   Adrian S. Kostré 65

EXODUS oder DAS BITTERE ENDE DES DR. CHI 67
   Ulrike C. Nikutta-Wasmuht 97

MATJES VERSUS CURRYWURST...................................99
   Rosl Reddy..107

EIN UNVERBINDLICHES JA 109

   Achtung, Verkehr, ich komme!...111
   Katja Reuter 121

WIE DAS LEBEN SO SPIELT 123

   Die Zwei...125
   Eine ganz alltägliche Geschichte.......................................129
   Herbert Rieck 133

TOUR DE FORCE...135

   Wolfgang Rill 155

BLATT GOLD...157

   Marika..159
   versponnen..162
   wirklich 164
   gegen den krieg 165
   Helmuth Scheel 167

UNTERWEGSGESCHICHTEN 169

   Die Fahrt nach Bagdad 171
   Keine Mitleiden, das ist Sparta...177
   Maximillian Volkmann..187

MEHRINGPLATZ...189

   Peter Volkmann 201

Zeitfracht Medien GmbH
Ferdinand-Jühlke-Straße 7
99095 Erfurt, Deutschland
produktsicherheit@kolibri360.de